UN autre ÉTÉ...
pas comme les autres

Huguette Zahler

Head, Foreign Students
École Active Bilingue Jeannine Manuel
Paris, France

AMSCO

AMSCO SCHOOL PUBLICATIONS, INC.
315 Hudson Street, New York, N.Y. 10013

Other Amsco books by Huguette Zahler:

Une mystérieuse disparition
Le vol de la Joconde
Un été pas comme les autres
Le mystère des faux billets

Cover design by Meghan Shupe
Text design by Lisa Delgado
Illustrations by Edward Malsberg
Map page 156 by Noel Malsberg
Composition by Sierra Graphics, Inc.

Please visit our Web site at: *www. amscopub.com*

When ordering this book, please specify *either* **R 72 P**
or: UN AUTRE ÉTÉ....

ISBN 978-1-56765-337-3
NYC Item 56765-337-2

Printed in the United States of America

1 2 3 4 5 6 7 8 9 10   12 11 10 09 08 07 06

PREFACE

UN AUTRE ÉTÉ... PAS COMME LES AUTRES offers intermediate students an engaging reader that combines an exciting account of the adventures of two young friends, one French, the other American, during their third summer together, with insights into many aspects of French culture.

In UN ÉTÉ PAS COMME LES AUTRES, previously published, readers met the two girls, as fourteen-year-old Jenny came to France to stay with Isabelle and her family. The following year, Isabelle went to visit Jenny at her home near Chicago.

In this new book, UN AUTRE ÉTÉ... PAS COMME LES AUTRES, the girls, now a more mature 16 and 17, and still best friends, embark on a great adventure. They will travel alone together for one month in the south of France, in Provence, that enchanted sunny land. Along the way, they meet with old friends and make new ones, and live through many unexpected adventures while exploring the countryside. Their summer experience is rich and lively. Their eagerness, curiosity, and "joie de vivre" never flag, nor will the reader's.

Written in a lively, up-to-date style, the book uses all the tenses found in narrative and conversational language, including the subjunctive when it is needed; yet it is easy to read. Dialog is extensively used throughout to give familiarity with the variety of everyday French and provide the basis for conversation practice or play acting. To encourage rapid reading, unusual words and expressions are glossed in the text margins and an end vocabulary lists most words used in the book.

The exercises which are based on the text test reading comprehension and vocabulary, while providing opportunities for speaking, interactive activities, oral presentations or compositions. There are also word games and puzzles.

Cultural notes linked to the story are marked by ◆ in the text. These notes give information on a variety of subjects, and are the basis for individual or group research on the Internet or in the library, and for discussion in class. As the girls travel from Paris to Aix-en-Provence, to Marseille and to the Riviera, and to a mysterious place in France, the Camargue, they learn surprising things about those interesting spots.

The interaction between the teenagers, Jenny and Isabelle, and their friends, Rachid and Luc, Hans and Peter, 16 to 19 years old, as well as the adults with whom they become friendly, will be of interest also to more advanced or older students, and so will be the windows the book opens on French, European, and international life styles and culture.

TABLE DES MATIÈRES

CHAPITRE 1

De vieilles amies

Dans le train de 14h10, entre Rouen et Paris, Isabelle Martin pense au passé. Plus exactement elle pense à ces deux étés qu'elle vient de passer avec Jenny, Jenny Brown, sa correspondante américaine,
5 son amie... sa meilleure amie.

Elle sourit en se souvenant de l'arrivée de Jenny à Rouen, chez elle, il y a deux ans. Quelles aventures : l'arrivée à Orly (au lieu de Roissy !), le premier dîner (quelle horreur, Jenny détestait tout), les fêtes, les
10 rires, les voyages à Paris et à Chamboulive... Et puis, bien sûr, Michel, son frère... et Jenny qui en était amoureuse ! Isabelle est gênée, elle se rend soudain compte qu'elle est en train de rire, toute seule, et que les gens la regardent... Mais, très vite, elle repart dans
15 ses pensées : le deuxième été, l'année dernière, quand elle est allée chez Jenny, à Longville ! L'arrivée à l'aéroport de Chicago, avec six heures de retard, la grande maison blanche, la famille hyper-sympa de Jenny, les voyages, au Canada, dans les Rocheuses, les rires, les
20 fêtes et, bien sûr, Mark ! Mark, avec ses beaux yeux noirs et son sourire...

À la terrasse du Café de l'Arrivée, en face de la Gare Saint-Lazare◆, Jenny Brown sirote un café crème. Elle sait bien qu'en France personne, sauf les touristes
25 américains, ne boit de café crème en plein milieu de la journée, mais elle a une excuse : elle vient d'arriver à Paris et, à Longville, où elle habite, le café crème n'a pas le même goût. Longville, l'été dernier... Un sourire flotte sur ses lèvres quand elle se souvient de ces mer-
30 veilleuses vacances, avec Isabelle : les promenades, les

gêné(e) *embarrassed*

hyper-sympa *really nice, cool, likable*

siroter *to sip*
le café crème *coffee with cream*

1

voyages, les aventures (quand Isabelle est tombée du canoë dans un torrent des Rocheuses), les rires et... Mark, le grand amour d'Isabelle, ce garçon de Longville qu'elles avaient déjà rencontré, il y a deux
35   ans, en visitant le château d'Azay-le-Rideau ! Elle se met à rire toute seule. Et maintenant elles vont voyager toutes les deux en train. Elles vont visiter le sud-est de la France et retrouver des amis d'Isabelle à Marseille.

40   Le train va entrer en gare. Isabelle a mis son sac à dos, son cœur bat un peu plus vite. C'est le début de leur troisième été : un voyage, ensemble, seules. C'est un cadeau de ses grands-parents parce qu'elle vient d'avoir son bac !

45   Jenny regarde sa montre : Isabelle va bientôt arriver. Pour la première fois de sa vie elle va payer en EUROS◆! Heureusement, c'est facile, plus qu'avec les FRANCS ! Elle sort du café et entre dans la gare. Elle est si heureuse que son sac à dos lui semble léger ; elle
50   a envie de courir vers ces vacances merveilleuses qu'elle va passer, encore une fois, avec Isabelle. Un voyage, seules, toutes les deux... Elle va en voir des gares puisqu'elles ont l'intention de passer un mois à voyager en train et en car ; leurs billets sont valables   le car *bus*
55   pour ces deux moyens de transport !

Le train est entré en gare et il va bientôt s'arrêter. Isabelle sait que Jenny est là, à l'attendre, Jenny qui est arrivée des États-Unis ce matin même.

XXXX

60 Jenny s'approche de la voie 9 où vient d'arriver le train en provenance de Rouen. C'est bizarre, pense-t-elle, c'est elle, l'Américaine, qui vient attendre la Française à la gare !

Isabelle est descendue du train. Elle cherche Jenny 65 des yeux ; Jenny avec ses courts cheveux blonds.

Jenny a posé son sac et, sur la pointe des pieds, elle cherche Isabelle dans la foule qui sort du train, Isabelle et ses longs cheveux noirs. Isabelle est presqu'au bout du quai quand elle entend un cri.

70 — OH NON ! CE N'EST PAS POSSIBLE... TOI AUSSI !

C'est Jenny qui se précipite vers elle en riant.

JENNY: Isabelle, tu t'es coupé les cheveux !

ISABELLE: Et toi ! Tu as les cheveux longs !

75 JENNY: J'ai voulu être comme toi, tout simplement...

ISABELLE: Et moi... Comme toi...

JENNY: Tu vois, nous pensons pareil toutes les deux ! Si tu savais comme je suis heureuse de te retrouver !

ISABELLE: Et moi donc, un an, c'est drôlement long !

80 Et c'est en riant, folles de joie d'être ensemble, que les deux jeunes filles quittent la Gare Saint Lazare, prêtes pour... un autre été... pas tout à fait comme les autres.

QUESTIONS

A. VRAI OU FAUX? Dites si la phrase suivante est vraie ou fausse. Si elle est fausse, donnez la bonne réponse.

1. Jenny Brown et Isabelle Martin sont cousines.
2. Jenny est venue chez Isabelle deux ans plus tôt.
3. L'année dernière Isabelle est allée à Longville, chez Jenny.
4. Jenny attend Isabelle au Café de l'Arrivée de la Gare du Nord.
5. Jenny est encore amoureuse de Mark.
6. Jenny et Isabelle vont partir en vacances ensemble.
7. Jenny s'est coupé les cheveux pour être comme Isabelle.
8. Isabelle a maintenant les cheveux blonds pour être comme Jenny.

B. Complétez avec un mot qui convient trouvé dans le chapitre.

Jenny est __1__. Elle habite à __2__. Il y a deux ans elle est venue __3__ Isabelle. Elle était amoureuse de son __4__ Michel. Elle a maintenant les cheveux __5__.

Isabelle est __6__. Elle habite à __7__. L'année dernière elle est allée chez Jenny et elle est tombée __8__ de Mark ; maintenant elle a les cheveux __9__.

Elles se retrouvent à __10__ et elles vont partir ensemble en __11__. Elles sont très __12__ de se retrouver.

CULTURE

1. LES GARES DE PARIS

Il y a six grandes gares à Paris :

—La Gare du Nord pour aller vers Lille, la Belgique, les Pays-Bas ;

—La Gare de l'Est pour aller vers Nancy, Metz, l'Allemagne, la Suisse ;

—La Gare de Lyon pour aller vers le sud-est de la France, la Provence, la Côte d'Azur et l'Italie ;

—La Gare d'Austerlitz pour la banlieue sud de Paris et les régions du centre, la Vallée de la Loire par exemple, et les régions du sud-ouest ;

—La Gare Montparnasse pour l'ouest (banlieue et grandes lignes), la Bretagne, la Normandie ;

—La Gare Saint-Lazare pour la banlieue ouest et la Haute-Normandie (Rouen).

Il ya deux aéroports à Paris : Roissy-Charles-de-Gaulle au nord et Orly au sud.

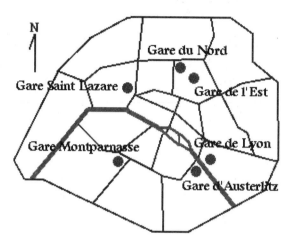

À VOUS

Choisissez une de ces gares et faites des recherches sur son histoire : date de construction, nom de l'architecte, style. Vous pouvez travailler seuls ou en groupes.

2. L'EURO

Depuis le 1er janvier 2002 le FRANC est remplacé par l'EURO. L'euro est la monnaie commune aux pays qui appartiennent à l'Union Européenne (UE). Douze pays membres de l'Union Européenne ont adopté l'euro: l'Allemagne, l'Autriche, la Belgique, l'Espagne, la Finlande, la France, la Grèce, la Hollande, l'Irlande, l'Italie, le Luxembourg, le Portugal. Le Danemark, la Grande-Bretagne et la Suède, également membres de l'Union Européenne, ne font pas partie de la zone euro. Depuis le 1er mai 2004, dix autres pays sont entrés dans l'Union Européenne : l'Estonie, la Lithuanie, la Lettonie, la Pologne, la République Tchèque, la Slovaquie, la Hongrie, la

Slovénie, Chypre et Malte ; ces pays envisagent d'adopter l'euro. D'autres pays souhaitent se joindre à l'Union.

À l'origine, la valeur de conversion du franc en euro a été fixée à 1 euro = 6,559 francs ; cette valeur ne change pas, mais l'euro lui-même est susceptible de variations par rapport aux autres monnaies utilisées dans le monde : sa valeur est allée de 85 cents à 1 dollar 36.

Il y a 100 centimes (ou cents) dans un euro (€)

À VOUS

Combien coûtent en euros les objets suivants :

une baguette:	4,40 francs	_____
un cahier :	60 francs	_____
un stylo :	120 francs	_____
un bouquet de fleurs :	55 francs	_____
une Citroën neuve :	90 000 francs	_____

CHAPITRE 2

Retrouvailles

Jenny et Isabelle sont dans le métro. Elles vont rester deux jours au Trocadéro, chez Janine, la tante d'Isabelle, pour se reposer et préparer leur voyage.

5 JENNY: Tu te souviens, il y a deux ans, quand on a raté notre train pour Rouen ?

ISABELLE: Et qu'on a dormi chez Janine ! Bien sûr...

JENNY: Je me souviens encore du petit déjeuner américain qu'elle nous avait servi...

10 ISABELLE: Elle est partie en voyage au Portugal mais j'ai les clés de l'appartement.

Chez Janine les deux filles s'installent, prennent une douche et se reposent un peu.

JENNY: Quel chouette appartement : une vue comme   chouette ! *great !*
15 ça de la Tour Eiffel, c'est formidable !

ISABELLE: C'est vrai... Tu sais, l'année prochaine, je vais sans doute aller à la Sorbonne et Janine m'a proposé de venir habiter chez elle.

JENNY: Quelle super idée, c'est vrai que l'apparte-
20 ment est immense...

ISABELLE: Mais, dis donc, tu ne m'as pas encore demandé des nouvelles de...

JENNY: Michel ?

ISABELLE: Ben oui... C'est complètement fini pour toi ?

25 JENNY: Mais oui, voyons ! C'était un amour de
gosse... Il y a deux ans... C'est fini et bien fini, ne
t'inquiète pas !

> le/la gosse (*fam*) kid
> (*puppy love*)

ISABELLE: Tant mieux... Tu as de la chance, moi, ce
n'est pas encore fini !

30 JENNY: Ton histoire avec Mark ? Mais c'est différent,
vous avez le même âge, tu sais bien que pour ton
frère je n'étais qu'une gamine !

> gamin(e) *kid*

ISABELLE: Ah, les garçons !!!!

JENNY: Allez, on sort, on va faire un pèlerinage, on va
35 aller dans tous les endroits que je connais !

> le pèlerinage
> *pilgrimage*

ISABELLE: Tous ? Tu es folle ?

JENNY: Mais non, regarde le plan, tu vas voir, il faut
tout simplement être organisé...

C'est ainsi que nos deux amies ont revu le Quartier
40 Latin, la rue Mouffetard, la Bastille et sont revenues
au Trocadéro en passant par Montparnasse.

De retour chez la tante d'Isabelle elles se sont instal-
lées sur le divan, une carte de France sur les genoux.

JENNY: Tu sais, je commence à me sentir épuisée, on
45 peut préparer le voyage demain... Tu veux partir
quand ?

ISABELLE: J'ai pensé qu'on pouvait partir après-
demain, il y a un TGV qui part de la Gare de Lyon à
8 heures du matin, on arrive à Marseille à 11h30,
50 qu'en penses-tu ?

JENNY: Pourquoi pas, c'est une bonne idée ; Rachid
vient nous chercher à la gare ?

ISABELLE: Non, il ne peut pas, ses cours sont terminés
mais il travaille au Vieux Port pour se faire un peu
55 d'argent.

Rachid est un ami de lycée d'Isabelle. Un garçon drôle et sympathique que Jenny ne connaît pas car il n'était pas à Rouen à l'époque. Il habite maintenant à Marseille où sa maman travaille.

60 JENNY: Et on reste à Marseille deux ou trois jours ?

ISABELLE: Oui, on va faire comme on a dit : on part à l'aventure, on reste le temps qu'on veut...

à l'aventure without plan

JENNY: De toute façon nos billets de train sont valables pendant deux mois, c'est génial !

génial(e) great, brilliant

65 ISABELLE: Et puis j'ai des adresses partout : à Marseille, Aix, Nice, Grasse et Saint-Paul de Vence...

JENNY: Je sens qu'on va bien s'amuser.

ISABELLE: Comme toujours ! Depuis quand est-ce qu'on s'ennuie ensemble ? Tu veux te coucher ?

tomber de sommeil to be falling asleep

70 JENNY: Je tombe de sommeil, tu veux bien ?

ISABELLE: Moi aussi, je suis morte de fatigue.

JENNY: N'oublie pas de me réveiller de bonne heure, je veux encore me balader dans Paris !

se balader to take a walk

Mais, le lendemain Isabelle n'allait pas réveiller Jenny car elle dormait aussi profondément que son amie et ce n'est qu'à 3 heures de l'après-midi qu'elles se sont levées, affamées et honteuses de tout ce temps perdu !

QUESTIONS

A. Choisissez la proposition ou les mots qui complètent le mieux la phrase.

   1. Isabelle et Jenny vont rester chez Janine car

     a) Isabelle a les clés de l'appartement.

     b) on peut voir la Tour Eiffel.

     c) les parents d'Isabelle sont partis au Portugal.

2. Maintenant,

   a) Isabelle et Jenny aiment encore Mark et Michel.

   b) Jenny n'aime plus Michel mais Isabelle aime encore Mark.

   c) Isabelle n'aime plus Mark mais Jenny aime encore Michel.

3. A Paris Isabelle et Jenny ont voulu revoir

   a) les endroits touristiques.

   b) les endroits qui sont sur le plan de la ville.

   c) les endroits que Jenny a découverts il y a deux ans.

4. Pour aller de Paris à Marseille le TGV met

   a) 11 heures 30.

   b) 7 heures.

   c) 3 heures 30.

5. À Marseille elles vont rester chez Rachid,

   a) un ami d'Isabelle.

   b) un ami de Jenny.

   c) un ami de la maman d'Isabelle.

6. Le lendemain elles ne se sont pas promenées dans Paris comme elles l'avaient projeté car

   a) elles avaient honte.

   b) elles avaient faim.

   c) elles se sont levées très tard.

B. MOTS CROISÉS

Trouvez neuf lieux mentionnés dans ce chapitre, placez-les dans les cases du mot croisé et trouvez la réponse au message codé ci-dessous.

Janine habite au __ __ __ __ __ __ __ __ __ __ __

```
                    __ __ __ __ ☐ __ __ __ __ __
                       __ __ ☐ __ __ __
                    __ ☐ __ __ __ __ __ __ __ __
                       __ __ ☐ __
                       __ ☐ __ __ __ __ __ __
       __ __ __ __ __ __ __ __ ☐
       __ __ __ __ __ __ __ __ ☐ __
          __ __ __ __ __ __ ☐ __ __ __ __
                       __ ☐ __ __ __
```

◆ CULTURE

1. LES MONUMENTS DE PARIS

A. Il y a plus de 20 monuments importants à Paris:

Regardez la carte des monuments de Paris. C'est le baron Hauss-mann, préfet de Paris, qui imagina, vers 1860, de numéroter les arrondissements comme la spirale d'une coquille d'escargot à commencer avec le numéro 1 au Louvre dans le sens des aiguilles d'une montre. Sur la carte trouvez :

la Tour Eiffel

l'Arc de Triomphe

le Panthéon

Notre-Dame

le Sacré-Cœur

B. Sur Internet ou à la bibliothèque de votre école, préparez un exposé sur un des monuments de Paris.

1. Quand a-t-il été construit ?

2. Par qui ?

3. Donnez deux ou trois détails intéressants sur ce monument.

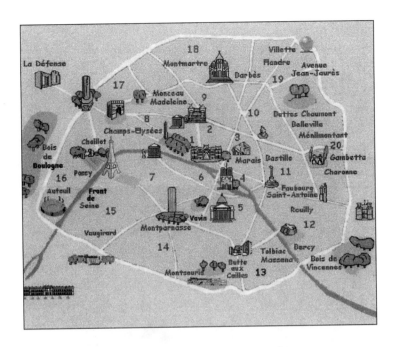

2. LA STATUE DE LA LIBERTÉ À NEW YORK

Savez-vous qui l'a construite ? Qui l'a donnée à la ville de New York ? Comment elle a été transportée ?

Faites des recherches à la bibliothèque de votre école ou à Internet.

L'île aux Cygnes à l'ouest de Paris sert de points d'appui à trois ponts. Elle mesure 850 mètres de long et 11 mètres de large. Elle est bordée d'arbres et à sa pointe sud se trouve une statue de 11,50 mètres qui est une réplique de la Statue de la Liberté à New York.

Cetta statue a été offerte à la France par les États-Unis pour célébrer le centenaire de la révolution française. Sur son socle sont gravées deux dates : *4 juillet 1776* et *14 juillet 1789.*

Pourquoi ces dates ?

3. WASHINGTON DC

Cherchez un plan du centre de Washington et comparez avec le plan de Paris. Que remarquez-vous ? Cherchez le nom de l'architecte qui a dessiné la capitale des Etats-Unis.

CHAPITRE 3

Le TGV vers Marseille

Il est 8 heures moins dix en ce jeudi 18 juillet. Le TGV n° 803 part pour Marseille dans 10 minutes. Le TGV, c'est un train très rapide (il roule à très grande vitesse !) et très beau, avec sa ligne aérodyna-
5 mique. Jenny et Isabelle viennent d'arriver Gare de Lyon et se dépêchent de trouver leur voiture.

JENNY: Vite, c'est la voiture 16. Regarde, voilà la voiture 5.

ISABELLE: C'est tout au bout du quai !

10 JENNY: On a le temps, encore 8 minutes.

ISABELLE: Tu sais bien que j'aime être en avance, je ne suis pas comme toi !

Elles arrivent à la voiture 16 et montent, poussant devant elles leurs deux énormes sacs à dos.

15 ISABELLE: Tiens, on va mettre nos sacs ici, regarde, il y a un petit compartiment spécial.

JENNY: Et si on nous vole nos sacs ?

ISABELLE: Mais voyons, on ne va pas nous les voler, regarde, nos places sont tout près, n°45 et 46.

20 JENNY: Hum... D'accord, mais si on nous les vole, c'est de ta faute !

Les deux filles s'installent, l'une avec son livre, *L'Étranger* de Camus (Jenny adore la littérature française), l'autre avec sa revue, *L'Express* ◆, (Isabelle
25 s'intéresse à la politique).

ISABELLE: On est dans le sens de la marche, ça tombe bien, dans l'autre sens j'ai parfois mal au cœur !

À ce moment-là arrivent une mère et sa fille de 5 ou 6 ans qui viennent s'asseoir près de nos deux amies, de
30   l'autre côté de l'allée. EN VOITURE ! Le train démarre.

démarrer to start

ISABELLE: Ça y est! On part...

JENNY: pour l'aventure...

ISABELLE: Tu veux aller boire un café au wagon-
35   restaurant ?

JENNY: Oui, c'est une bonne idée, cela va nous réveiller, j'ai tellement envie de dormir que je ne peux même pas regarder ce livre !

Le wagon-restaurant est dans la voiture 14, pas très
40   loin, et les deux jeunes filles y restent une bonne heure, devant leurs cafés crème et les croissants qu'elles n'ont pas pu se retenir d'acheter. Quand elles retournent à leurs places elles sont surprises de voir que leur voisine, la petite fille, dort profondément, allongée sur les
45   deux places, sa place et celle de sa mère.

se retenir de to refrain from

ISABELLE: Regarde comme elle est mignonne !

mignon(ne) cute

JENNY: Où est sa maman ?

ISABELLE: Elle est sans doute allée s'asseoir ailleurs pour la laisser dormir.

50   Peut-être est-ce la contagion, ou plutôt la fatigue... Toujours est-il que, malgré les cafés qu'elles viennent de prendre pour se réveiller, nos deux amies se mettent à somnoler et, bientôt s'endorment profondément.

somnoler to doze

55   C'est le bruit du haut-parleur qui les réveille en sursaut.

le haut-parleur loudspeaker
en sursaut with a start

ARRIVÉE EN GARE SAINT-CHARLES. TERMINUS MARSEILLE. TOUT LE MONDE DESCEND.

JENNY: Quoi ? Qu'est-ce qui se passe ? Qu'est-ce qu'il
60 y a ?

ISABELLE: C'est incroyable, nous sommes déjà arrivées ! Je n'ai rien lu du tout !

JENNY: Moi non plus, on a dormi pendant au moins deux heures, tu te rends compte !

65 À ce moment-là la petite fille, qui vient de se réveiller, et qui, depuis quelques minutes regarde à droite et à gauche, se met à pleurer.

ISABELLE: Qu'est-ce qu'il y a ? Où est ta maman ?

LA PETITE FILLE: Je sais pas.

70 JENNY: Comment? Tu ne sais pas où est ta maman ?

LA PETITE FILLE: Non. J'ai peur...

ISABELLE: Mais voyons, ne pleure pas, elle est bien quelque part, ta maman !

75 Isabelle et Jenny regardent autour d'elles. Tout le monde est descendu du train. Elles sont seules dans le wagon, seules avec la petite fille qui pleure de plus belle.

de plus belle *more than ever*

JENNY: Isabelle, tu te souviens de sa maman ? Elle est comment ?

80 ISABELLE: Brune, avec les cheveux frisés et courts et des lunettes noires. Je m'en souviens à cause des lunettes.

LA PETITE FILLE: J'ai peur ! J'ai peur ! Restez avec moi.

ISABELLE: Ne t'inquiète pas, on va la retrouver, ta
85 maman.

JENNY: Les vacances commencent bien ! Qu'est-ce qu'on va faire avec cette petite ?

ISABELLE: Allons, allons, tu voulais de l'aventure, et bien, en voilà !

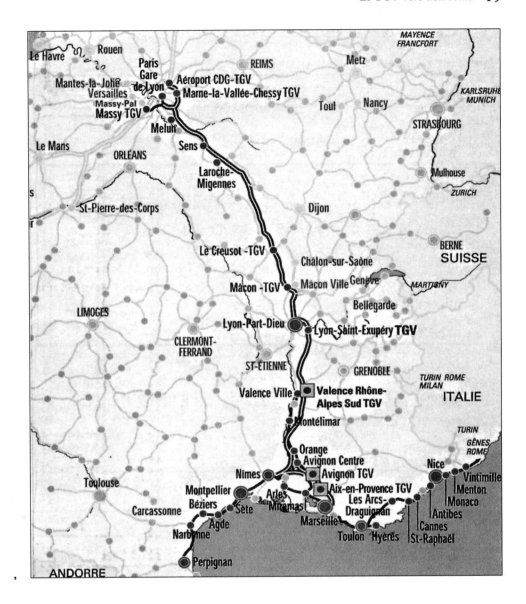

QUESTIONS

A. Répondez aux questions suivantes avec une phrase complète.

1. Que veut dire TGV ?

2. Quels sont les numéros de voiture et de places de Jenny et d'Isabelle ?

3. Que vont-elles lire pendant leur voyage et pourquoi ?

4. Qui vient s'asseoir à côté d'elles ?

5. Pourquoi vont-elles au wagon-restaurant ?

6. Que remarquent-elles quand elles retournent à leurs places ?

7. Où se réveillent-elles ? Pourquoi sont-elles surprises ?

8. Pourquoi la petite fille pleure-t-elle ?

B. Complétez les phrases avec des éléments trouvés dans le texte.

1. Isabelle n'aime pas être en retard, alors elle arrive _____.

2. Les deux filles ne voyagent pas avec des valises mais avec _____.

3. Isabelle a parfois envie de vomir dans le train, elle a mal _____.

4. Au wagon-restaurant elles mangent _____ et boivent _____.

5. La petite fille ne dort pas assise mais _____.

6. La gare de Marseille s'appelle _____.

7. La petite fille ne rit pas, elle _____.

8. Physiquement, la maman était _____ et portait des _____.

◆Culture

LA PRESSE EN FRANCE

A. La presse écrite

Les quotidiens paraissent chaque jour; les principaux quotidiens sont *Le Monde*, un journal du soir; *Libération* et *Le Figaro*, des journaux du matin. *L'Equipe* est pour les amateurs de sport.

Les hebdomadaires paraissent chaque semaine. *L'Express*, *Le Nouvel Observateur*, *Le Point*, parlent de politique et des faits de société. Il existe aussi des hebdomadaires qui parlent de sport, de cinéma, de l'actualité, par exemple *Paris-Match*.

Les mensuels paraissent chaque mois. *Elle* et *Marie-Claire* parlent de la mode.

B. La radio et la télévision présentent des informations, des programmes spéciaux, des entretiens avec des hommes politiques, des sociologues, des philosophes, des journalistes.

À VOUS

Cherchez sur Internet :

Paris Match *www.parismatch.com*

Radio *www.radio-france.com*

Télévision *www.tf1.fr / www.france2.fr / www.france3.fr*

CHAPITRE 4

Julie

Jenny, Isabelle et la petite fille viennent de descendre du train. Le quai est presque vide.

JENNY: Qu'est-ce qu'on fait ?

ISABELLE: Ben... je n'en sais rien...

5   Jenny se penche vers la petite fille.

se pencher to bend toward

JENNY: Mais, dis donc, on ne connaît même pas ton nom. Comment tu t'appelles ?

LA PETITE FILLE: Julie.

ISABELLE: Julie comment ?

10   LA PETITE FILLE: Julie Blanchot.

ISABELLE: Et tu as quel âge ?

LA PETITE FILLE: Six ans.

JENNY: Six ans ! C'est formidable... Tu es une grande fille !

15   Mais elle n'insiste pas, la petite fille a beaucoup de mal à ne pas pleurer.

avoir du mal to have a hard time

ISABELLE: Allons chercher de l'aide. Viens, on va bien trouver quelqu'un.

JULIE: Non, j'ai peur, j'ai peur des gens méchants.

20   JENNY: Mais voyons Julie, les gens sont gentils, et puis, nous sommes avec toi pour te protéger.

ISABELLE: Des gens méchants, tu en connais beaucoup, toi ?

JULIE: Oui, le vilain monsieur de la gare.   vilain(e) *nasty*

25 JENNY: De quelle gare ?

JULIE: Ben, de la gare, quand on est parti, avec ma
maman...

ISABELLE: La Gare de Lyon ?

JULIE: Mais non, pas les lions, la gare des trains !

30   Isabelle et Jenny se regardent en souriant.

JENNY: Et le vilain monsieur de la gare, qu'est-ce
qu'il a fait ?

JULIE: Moi, je sais pas, c'est maman.

ISABELLE: Ta maman, elle connaît ce monsieur ?

35 JULIE: Non, elle le connaît pas.

Jenny, Isabelle et la petite fille sont tout au bout du
quai. Intriguées par l'histoire de Julie nos deux amies,
tout en marchant, continuent gentiment à la ques-
tionner.

40 ISABELLE: Alors, si ta maman ne connaît pas ce monsieur, pourquoi est-il si méchant ?

JULIE: Il a poussé la dame.

JENNY: La dame ! Quelle dame ?

JULIE: Ben, la dame blonde, avec le sac.

45 ISABELLE: Un sac comment?

Julie regarde autour d'elle et montre du doigt le sac
d'un homme qui passait par là.

JENNY: Un sac de voyage, quoi.

ISABELLE: Et le vilain monsieur, il a pris le sac de la
50   dame ?

JULIE: Ben, oui.

JENNY: Et la dame, elle a crié ? Elle est tombée ?

JULIE: Elle est tombée mais elle n'a pas crié. C'est maman qui l'a aidée à se relever...

se relever to get up

55 ISABELLE: Ta maman, elle connaît cette dame ?

JULIE: Je sais pas, je crois pas.

JENNY: Et ta maman a parlé à cette dame ?

JULIE: Non, c'est la dame qui a parlé à maman.

ISABELLE: Et qu'est-ce qu'elle lui a dit ?

60 JULIE: Je sais pas, elle a parlé tout bas, j'ai rien entendu.

ISABELLE: Et après, ta maman, qu'est-ce qu'elle a fait ?

JULIE: Ben, elle a pris ma main et nous sommes vite montées dans le train.

65   Isabelle et Jenny se regardent, prennent la main de la petite fille et se dirigent, vers la droite, dans la direction d'un panneau qui indique POLICE ◆. Elles entrent toutes les trois dans un petit bureau où deux agents bavardent tranquillement.

70 ISABELLE: Monsieur, la maman de cette petite fille a disparu. Il est très probable qu'elle a été témoin d'un crime.

le témoin witness

QUESTIONS

A. COMPLÉTEZ AVEC LE MOT OU LA PROPOSITION QUI COMPLÈTE LE MIEUX LA PHRASE.

  1. Quand Isabelle, Jenny et la petite fille descendent du train le quai est presque vide

    a) parce que tout le monde est déjà parti.

    b) parce qu'elles sont les premières à descendre.

    c) parce que la maman de la petite fille a disparu.

2. La petite fille
   a) pleure beaucoup.
   b) pleure un peu.
   c) ne pleure plus.

3. Julie a peur
   a) d'un lion.
   b) d'un monsieur.
   c) d'une dame blonde.

4. La maman de Julie
   a) a aidé la dame blonde.
   b) a crié après la dame blonde.
   c) a fait tomber la dame blonde.

5. Après avoir entendu ce que lui disait la dame blonde, la maman de Julie
   a) a jeté son sac de voyage.
   b) est montée dans le train.
   c) a pris la main de la dame blonde.

B. Complétez ce résumé du chapitre avec un mot trouvé dans le texte.

La petite fille __1__ Julie. Elle a __2__ ans. Elle a eu très __3__ d'un monsieur qui a __4__ une dame blonde pour prendre son __5__. Isabelle pense que la maman de Julie a été __6__ d'un crime et que c'est pour cela qu'elle a __7__.

CULTURE

1. LA SÉCURITÉ EN FRANCE

À Paris la sécurité est assurée par les **agents de police.** Si vous avez un problème, vous allez à l'Hôtel de Police de votre quartier.

À Paris les agents circulent en voiture ou à pied.

Le vendredi soir et le dimanche après-midi, quand les Parisiens traversent la ville en rollers (*in-line skating*) — ils sont entre 10 000 et 15 000 —, ils sont encadrés par des agents de police qui sont aussi en... rollers.

Sur les routes et en province, ce sont les **gendarmes** qui règlent les problèmes. Vous pouvez les trouver à la **Gendarmerie** de chaque commune.

Sur les routes les gendarmes circulent en moto. On les appelle des **motards**.

À VOUS

Cherchez d'autres renseignements sur les agents de police et les gendarmes, (ou les différences avec le Code de la Route), sur Internet ou dans une encyclopédie.

2. LES MOYENS DE TRANSPORT

Discutez en groupes des avantages et des inconvénients de
a) la voiture au lieu du train.
b) l'avion au lieu du train.

Et, pour vous amuser, discutez des avantages et des inconvénients
c) des rollers (*in-line skating*)
d) des patinettes (*scooter*).
e) de la planche à roulette (*skateboard*).

CHAPITRE 5

Une drôle d'histoire

Deux heures plus tard nos deux amies sont encore à l'Hôtel de police de la gare Saint-Charles de Marseille. L'agent de service a téléphoné à Paris: rien à signaler Gare de Lyon. Si cette histoire est vraie la
5 dame blonde n'a pas porté plainte...

L'agent s'approche des deux jeunes filles et, à voix basse :

L'AGENT: Dites, vous êtes sûres de ce que vous racontez ? Et si la petite avait tout inventé !

10 JENNY (à voix basse):   Mais alors, où est sa maman ?

L'AGENT: Elle l'a peut-être abandonnée.

Jenny et Isabelle se regardent. En effet, et si... Après tout, comment savoir ? Mais alors, pourquoi la petite fille avait-elle l'air si effrayée quand elle s'est réveillée
15 et qu'elle était toute seule ?

ISABELLE: Peut-être faut-il lui poser d'autres questions sur sa famille.

JENNY: L'agent lui en a déjà demandé, on sait qu'elle n'a pas de famille à Marseille et qu'elles venaient
20   pour des vacances.

ISABELLE: Quand même, c'est bizarre, elle ne sait rien du travail de sa mère.

JENNY: Voyons, elle n'a que 6 ans !

de service *on duty*

porter plainte *to lodge a complaint*

28

Nos deux amies se taisent. Julie les écoute.

25 JULIE: Vous allez m'abandonner ?

ISABELLE: Mais non, voyons, seulement on voudrait bien comprendre quelque chose.

JENNY: Répète encore ce que tu as dit à l'agent. Ta maman, elle travaille dans un bureau à la Bastille,
30   près de chez vous ?

JULIE: Oui, c'est ça.

ISABELLE: Et ton papa travaille en Allemagne. ◆

JULIE: Oui, je vais aller le voir bientôt.

JENNY: Et le bureau de ta maman, tu le connais ?

35 JULIE: Ben oui, c'est dans la grande maison...

À ce moment l'agent leur fait un signe.

L'AGENT: Il y a du nouveau. On a retrouvé...

Il regarde Julie, il hésite...

L'AGENT: On a retrouvé ta maman, tout va bien. Elle
40   est un peu fatiguée, alors elle se repose.

ISABELLE: Elle se repose ?

L'agent lui fait un signe. Discrètement Isabelle s'approche de lui.

L'AGENT (à voix basse):   Une femme a été jetée du
45   TGV entre Lyon et Marseille. Elle est à l'hôpital d'Avignon. Sa vie n'est pas en danger, elle va bien, son nom: Sara Blanchot...

JULIE: Alors, je vais voir ma maman ?

L'AGENT: Oui, bientôt, on va t'emmener à Avignon, tu
50   vas voir, ce n'est pas loin.

Julie se serre contre Jenny et Isabelle.

se serrer contre *to get close to*

JULIE: Je veux aller voir ma maman avec vous !

JENNY: Euh, tu sais, nous, on ne va pas à Avignon, on va visiter Marseille avec des amis.

55 JULIE: Non, non, j'ai peur, venez avec moi !

ISABELLE (à voix basse, à l'agent):   Elle peut parler à sa mère ?

L'AGENT: Pas maintenant, je ne pense pas. On va l'emmener ; sur place tout ira bien... je l'espère !

60 ISABELLE: Vous aller l'emmener comment ?

L'AGENT: En voiture, il y en a pour une petite heure.

ISABELLE: Dis donc, Jenny, tu n'as pas envie d'aller... danser sur le Pont d'Avignon?

JENNY: Hum... et pourquoi pas ? Il paraît que c'est
65 une très jolie ville. Julie, tu connais la chanson :
« Sur le Pont d'Avignon, l'on y danse, l'on y danse... » ◆?

JULIE: Alors, vous venez avec moi ?

ISABELLE: Monsieur l'agent, est-ce que c'est possible ?

70 L'AGENT: Pourquoi pas, la petite s'est bien habituée à vous, c'est une bonne idée !

JENNY: Et Rachid ?

ISABELLE: Je lui passe un coup de fil, on va revenir ce soir. Après tout, c'est exactement ce que nous voulions, la liberté et...

75

JENNY: l'aventure !

un coup de fil
telephone call

C'est ainsi que Jenny, Isabelle et Julie se retrouvent, vingt minutes plus tard, dans une voiture de police en direction d'Avignon. L'agent leur a même proposé de mettre leurs sacs dans la malle... « On ne sait jamais », a-t-il ajouté...

80

la malle trunk

QUESTIONS

A. Répondez aux questions avec une phrase complète.

1. Pourquoi Jenny, Isabelle et Julie restent-elles si longtemps à l'Hôtel de Police ?

2. Peut-on comprendre pourquoi l'agent de police doute un peu de l'histoire de Julie ?

3. Que venaient faire Julie et sa maman à Marseille ?

4. Où travaillent les parents de la petite fille ?

5. Où vient-on de retrouver la maman de Julie ? Pourquoi y est-elle ?

6. Pourquoi Jenny et Isabelle vont-elles à Avignon avec la petite fille ?

7. Qu'y a-t-il à Avignon que tout le monde connaît ?

8. Pourquoi Isabelle doit-elle téléphoner à Rachid ?

9. Pourquoi Isabelle et Jenny ne sont-elles pas vraiment mécontentes de toute cette histoire ?

B. Complétez la colonne de gauche avec l'élément correspondant de la colonne de droite en vous référant au texte.

1. l'hôtel	____	a.	basse
2. la gare	____	b.	de voiture
3. à voix	____	c.	quelque chose
4. comprendre	____	d.	Saint-Charles

5. à une heure   ____   e. idée

6. le Pont   ____   f. de fil

7. c'est une bonne   ____   g. de police

8. un coup   ____   h. d'Avignon

C. MOTS CROISÉS

HORIZONTALEMENT

1. Quand Jenny et Isabelle sont montées dans la voiture, le policier a mis leurs ____ dans la malle.
2. Pendant ces vacances Jenny et Isabelle cherchent l' ____ .
3. La célèbre chanson parle d'un ____ .
4. La petite fille s'appelle ____ .
5. Au début les policiers pensent que la petite fille a tout ____ .
6. Que nos deux amies accompagnent la petite fille à Avignon, les policiers pensent que c'est une bonne ____ .
7. Quand les policiers appellent Gare de Lyon, il n'y a ____ à signaler.

VERTICALEMENT

8. À la Gare de Lyon personne n'a porté ____ .
9. C'est l' ____ de service qui a téléphoné à Paris.
10. Le train Paris-Marseille était un ____ .
11. La maman de la petite fille n'est pas en ____ .
12. Une femme a été ____ d'un train.
13. Nos deux amies pensent rentrer à Marseille ce ____ .
14. Nos deux amies ont envie de ____ .

◆ Culture

1. L'EUROPE

Il est de plus en plus facile d'aller travailler dans tous les pays d'Europe, si vous êtes européen. Vous trouvez donc beaucoup d'Allemands qui viennent travailler en France, d'Italiens qui vont en Grande-Bretagne ou de Français en Espagne ou en Irlande.

Les diplômes de fin d'études secondaires sont maintenant équivalents et l'on va bientôt parler d'un baccalauréat européen pour tous les pays d'Europe.

Le Fonds social européen aide à promouvoir (*to promote*) l'emploi en Europe dans les secteurs public et privé et à lutter contre le chômage. D'autres organisations créées par le Conseil de l'Europe développent des projets multinationaux de formation et de création d'emplois.

2. COMPTINES ET CHANSONS FOLKLORIQUES

Chaque région de France a ses chansons folkloriques.

« Sur le Pont d'Avignon » est très connue. Mais, à l'origine de la chanson, le titre était « Sous le Pont d'Avignon ». Il y avait, en effet, sous un des piliers du Pont une taverne où l'on pouvait danser. Le fameux pont a été construit au 12e siècle.

Allez-y ! À vous de chanter !

À chaque couplet, on mime ce que les différents caractères font pour saluer ; par exemple les beaux messieurs soulèvent leur chapeau et s'inclinent; les belles dames font la révérence.

Sur le pont d'Avignon, on y danse, on y danse
Sur le pont d'Avignon, on y danse tous en rond.
Les beaux messieurs font comme ça
Et puis encore comme ça.
Sur le pont d'Avignon, on y danse, on y danse
Sur le pont d'Avignon, on y danse tous en rond

Les belles dames font comme ça
Et puis encore comme ça. Sur...
Les demoiselles font comme ça
Et puis encore comme ça. Sur...
Les militaires font comme ça
Et puis encore comme ça. Sur...
Les écoliers font comme ça
Et puis encore comme ça. Sur..

Les violonistes font comme ça
Et puis encore comme ça. Sur...
Messieurs les abbés font comme ça
Et puis encore comme ça. Sur...

À VOUS

Cherchez les paroles et la musique d'une autre chanson folklorique
française. Par exemple:

« Frère Jacques »

« Il était un petit navire »

« Auprès de ma blonde »

« Au clair de la lune »

« En passant par la Lorraine avec mes sabots »

CHAPITRE 6

Pierrot le balafré

Au CHU◆ d'Avignon, la maman de Julie va bien. Elle n'a que des contusions, rien de cassé. Elle embrasse sa fille avec joie, sans pouvoir retenir ses larmes.

la contusion bruise

5 SARA: Oh ma Julie, ma Julie à moi, ma petite fille !

ISABELLE: Vous savez, elle n'a pas souffert, nous étions là...

SARA: Dieu merci ! Mais, en réalité, je ne me suis pas rendu compte de ce qui se passait, jusqu'à tout à 10 l'heure, quand j'ai repris connaissance...

reprendre connaissance *to regain consciousness*

JENNY: Vous pouvez nous dire ce qui est arrivé ?

SARA: Je peux vous raconter ce que j'ai dit à la police... En fait, je le comprends à peine moi-même.

Julie est montée sur le lit d'hôpital et elle reste blot- 15 tie dans les bras de sa maman qui commence donc son récit.

se blottir to curl up

SARA: J'étais avec Julie à la Gare de Lyon, on allait prendre le train pour Marseille.

ISABELLE: Le même train que nous.

20 SARA: Oui, c'est ça. Des amis m'ont prêté une petite maison pour le mois de juillet, sur la plage de l'Estaque...

JULIE: C'est au bord de la mer, hein Maman ?

36

SARA: Oui ma chérie, tu vas voir, on va bientôt y aller,
25   toutes les deux...

ISABELLE: Donc, vous êtes Gare de Lyon.

SARA: Je me dirigeais vers notre train et, soudain, je
vois un homme qui pousse une femme par terre et
qui lui prend son sac. J'étais éberluée, c'était in-   éberlué(e)
30   croyable ! Alors, évidemment, je me suis baissée   *astonished*
pour aider la femme à se relever, c'est normal, non ?

JENNY: Je suppose que oui !

SARA: La femme n'était pas blessée mais elle avait
très peur et elle m'a dit : « Partez vite, il a vu que
35   vous le regardiez, partez, il est TRÈS dangereux ».
J'étais saisie, c'était comme dans un film.   saisi(e) *startled*

ISABELLE: C'est justement ce que j'allais dire ! Et vous
l'aviez vu ?

SARA: Oui, bien sûr, j'ai donné sa description à la
40   police, il est blond, grand et surtout, il a la lèvre
inférieure coupée, comme par un coup de couteau !

JENNY: En effet, c'est un signe bien distinctif...

JULIE: Mais moi, je l'ai pas vu, j'ai vu seulement la
dame qui tombait.

45   SARA: Je sais, ma chérie... Alors, j'ai eu peur et j'ai
décidé de faire exactement ce que disait la femme.
Nous sommes montées dans le train et nous avons
trouvé nos places... à côté de vous !

ISABELLE: Et l'homme est aussi monté dans le train ?

50   SARA: Oui, mais je ne le savais pas.

JENNY: Qu'est-ce qui s'est passé alors ?

SARA: Quand vous êtes allées au wagon-restaurant,
Julie s'est endormie sur mon épaule. Je me suis levée
et je l'ai installée sur les deux sièges. Je voulais la
55   laisser dormir, vous comprenez, nous nous étions
levées très tôt !

ISABELLE: Oui, nous aussi ! Et ensuite ?

SARA: Je suis allée au bout du wagon et, soudain, je
l'ai vu sortir des toilettes. Il n'a rien dit, il m'a

60 regardée, il a ouvert la portière et il m'a poussée...
C'est tout !

la portière *door of car, train*

JENNY: Quelle chance vous avez eue !

SARA: Oui, les policiers disent la même chose ! Le
train avait ralenti car on approchait d'Avignon et,
65 en plus, il y avait des travaux sur la voie... S'il avait
roulé à grande vitesse, je...

Sara ne dit rien et serre Julie contre elle, les larmes
aux yeux.

ISABELLE: Et le sac de la dame ?

70 SARA: Et bien je ne sais pas ce qu'il y avait dedans !

À ce moment deux policiers en civil entrent dans la
chambre.

POLICIER N°1: Bonjour Madame Blanchot, nous
voulons vous montrer quelques photos, dites-nous
75 si vous reconnaissez l'homme qui vous a attaquée.

C'est à la dixième photo que Sara s'exclame :

SARA: Lui, c'est lui, j'en suis sûre !

POLICIER N°2: Excellent, c'est Pierrot le balafré, un
trafiquant d'objets d'art volés... Et la femme,
80 regardez ici.

balafré(e) *scarface*

La maman de Julie n'a aucun mal à reconnaître la
femme blonde parmi les photos du policier.

POLICIER N°1: Parfait, j'en étais sûr, c'est sa complice,
Valentine Ripoux...

85 SARA: Mais, si c'est sa complice, pourquoi la faire
tomber et prendre son sac ?

POLICIER N°2: Qui sait, elle a peut-être voulu travailler
pour son propre compte. En tout cas, nous vous
remercions, il y a deux mois que nous sommes sur
90 leur piste, notamment à cause du vol des bijoux

anciens de la collection du Musée Carnavalet◆, à Paris.

POLICIER N°1:   Oui, nous vous remercions, vous avez été témoin et c'est utile pour nous. Nous avons vos coordonnées à Paris et à Marseille. Vous pouvez partir quand vous voulez.

95

*coordonnée f
address and
telephone
number*

—Pas si vite, pas si vite.... dit une grosse voix. C'est un médecin qui vient d'entrer dans la chambre.

LE MÉDECIN: Madame va partir quand je vais le décider !

100

POLICIER N°1:   Bien sûr Docteur, excusez-nous...

QUESTIONS

A. VRAI OU FAUX. Dites si la phrase suivante est vraie. Si elle est fausse, donnez la bonne réponse.

1. La maman de Julie est à l'hôpital d'Avignon.

2. Julie est montée sur le lit de sa mère car elle a le bras cassé.

3. Julie et Sara, sa maman, allaient passer deux semaines au bord de la mer.

4. Gare de Lyon Sara a vu un homme qui volait le sac d'une dame.

5. La dame était effrayée.

6. L'homme avait donné un coup de couteau à la dame.

7. Dans le train Julie était fatiguée car elle s'était levée tard.

8. L'homme a poussé Sara dans les toilettes du train.

9. Heureusement pour Sara, à ce moment-là, le train ne roulait pas vite.

10. Sara a reconnu les deux personnes sur les photos du policier.

B. Les titres suivants résument ce chapitre; remettez-les dans le bon ordre.

DES TRAVAUX SUR LA VOIE

GARE DE LYON

LES VOLEURS DE BIJOUX

PROJETS DE VACANCES

C'EST LE DOCTEUR QUI COMMANDE

JULIE RETROUVE SA MAMAN

◆CULTURE

1. LA SANTÉ EN FRANCE

Un CHU, c'est un Centre Hospitalier Universitaire. C'est un hôpital où de nombreux professeurs spécialisés dans divers aspects de la médecine soignent, opèrent et enseignent la médecine.

En cas d'accident vous pouvez appeler gratuitement :

a) les pompiers (vous faites le 18) ou

b) le SAMU (vous faites le 15)

Le SAMU est le Service d'Aide Médicale Urgente. Il y a 105 SAMU installés en France. Ils fonctionnent 24h/24, 7/7. Ils ont pour mission de déterminer et de déclencher la réponse la mieux appropriée à la situation.

À VOUS

Qui appelez-vous en cas d'accident ? Quel numéro de téléphone faites-vous ?

2. LE MUSÉE CARNAVALET

C'est le musée qui raconte l'histoire de la ville de Paris de la Préhistoire à nos jours. Il est installé dans l'Hôtel Carnavalet, construit en 1568, dans le Marais (*the swamp*) à l'est de Paris.

À VOUS

Cliquez sur : http://www.paris.org/Musees/Carnavalet/info.html pour avoir des renseignements ou cherchez dans l'encyclopédie des détails sur ce musée. Racontez ce que vous avez appris.

CHAPITRE 7

Avignon

L'hôpital a décidé de garder Sara pour la nuit, en observation, mais Julie a pu rester avec sa maman et dormir sur un lit de camp, près d'elle. Jenny et Isabelle se sont donc séparées de leur petite protégée, *le lit de camp*
5 non sans avoir pris leur adresse à l'Estaque où elles *folding bed*
ont promis d'aller leur rendre une petite visite.

Après avoir récupéré leurs sacs devant la gare où un train pour Marseille allait partir, Jenny et Isabelle, se regardant soudain, ont éclaté de rire.

10 JENNY: Je suis sûre que tu penses exactement la même chose que moi !

ISABELLE: ABSOLUMENT... Donc, aucune raison de...

JENNY: ... rentrer si vite à Marseille puisque...

15 ISABELLE: ... l'aventure nous a conduites...

JENNY: ... À Avignon ! ◆

ISABELLE: Tu sais qu'Avignon, c'est au nord de Marseille, donc, plus près de Paris ! J'ai l'impression qu'on commence nos vacances à l'envers...

20 JENNY: Nous n'avons jamais dit qu'il fallait aller toujours dans la même direction.

ISABELLE: J'appelle Rachid et je lui dis... quoi ?

JENNY: Tu lui dis qu'on va rester un ou deux jours ici pour visiter la ville et..., regarde !

25   Jenny montre une grande affiche qui orne un des murs de la ville.

    ISABELLE: Le festival d'Avignon commence dans deux jours !

    JENNY: Justement, dis-lui qu'on va rester deux ou
30   trois jours pour aller voir quelques pièces de théâtre.

    ISABELLE: Michel a eu une riche idée en m'achetant un téléphone portable.

    JENNY: Demande à Rachid s'il connaît une auberge de jeunesse ici, pendant que tu y es.

35   Une heure plus tard nos deux amies ont laissé leurs sacs à l'auberge du Palais des Papes et, heureuses de cette liberté qu'elles commencent vraiment à apprécier, elles se promènent dans la ville.

    ISABELLE: On va visiter le Palais des Papes◆ main-
40   tenant ou demain ?

    JENNY: J'aime mieux demain, allons plutôt voir le Pont... Dans mon cours de français, à Longville, j'ai appris la chanson avec ma prof ! C'est un bon souvenir !

45   ISABELLE: Tu sais, la chanson est fausse, ce n'était pas « Sur » le Pont d'Avignon, mais « Sous » le Pont d'Avignon parce que, sous le pont, sur les berges, il y avait des cafés et des bals...

    Isabelle s'est arrêtée net. Elle regarde, avec des yeux
50 ronds, l'homme qui s'avance vers elle en souriant. C'est un homme assez grand, aux cheveux longs et à la barbe courte et grisonnante, vêtu d'un pantalon de toile blanche et d'un polo sur lequel on peut lire, en gros caractères, FESTIVAL D'AVIGNON◆.

grisonnant(e)
graying

55   L'HOMME: Et bien, Isabelle, salut ! Qu'est-ce que tu fais là ?

    ISABELLE: Cyril ! Et toi ? Qu'est-ce que tu fais ?

    ISABELLE: Mais, tu vois bien, je travaille.

Et il montre ce qui est écrit sur son polo.

60 ISABELLE: Tu travailles pour le Festival, bien sûr !
Que je suis bête ! Cyril, je te présente mon amie   bête *silly*
Jenny, Jenny, Cyril, un vieil ami de la famille.

JENNY: Vous êtes acteur ?

CYRIL: Parfois, oui, mais en ce moment je suis plutôt   le metteur en scène
65   metteur en scène, je monte une pièce, Roméo et   *director*
Juliette de Shakespeare. Vous connaissez ?   monter une pièce
                                                              stage a play

ISABELLE: Attends, doucement, tu nous prends pour
des idiotes ? Bien sûr, on connaît Roméo et Juliette !
La plus belle histoire d'amour de tous les temps !

70 CYRIL: Oui, et bien, c'est peut-être de « jamais ». J'ai
un gros problème avec une actrice qui vient de se
fouler la cheville ! Je ne sais pas si elle va pouvoir   se fouler la cheville
faire l'ouverture !   *to sprain one's*
                                                             ankle

ISABELLE: Mais, c'est dans deux jours !

75 CYRIL: Je sais ! Je suis en train de chercher une rem-   remplaçant(e)
plaçante, pour quelques jours, mais...   *substitute*

JENNY: Est-ce que c'est le rôle de Juliette ?

CYRIL: Non, c'est le rôle de la nourrice.   la nourrice *nurse,*
                                                             nanny

JENNY: Moi, je connais ce rôle, je l'ai joué en avril, à
80   mon lycée, à Longville...

ISABELLE: Toi ? Mais oui, bien sûr, j'ai même vu lès
photos sur ta page Web... Mais, attention, c'est en
français !

CYRIL: Doucement, doucement... Nous ne sommes
85   pas à Longville ! Nous sommes à Avignon ! C'est le
plus grand festival de théâtre de toute l'Europe... Je
ne peux pas engager des amateurs !

ISABELLE: Mais Jenny est excellente ! Je t'assure ! Elle
parle sans accent !

90 JENNY: Donnez-moi le texte, vous allez voir...

Et, comme Cyril avait justement une copie de la
pièce dans sa poche, Jenny, prenant l'air approprié, se
met à réciter la scène VI de l'acte II :

« Alors, courez à la cellule du Frère Laurent,   la cellule *room*
95 Là vous attend un mari pour vous faire femme.
    Allez, voilà ce polisson de sang qui monte à vos   le polisson *rascal*
       joues,
    À la moindre nouvelle
    Elles vont devenir rouges! »

100 Cyril et Isabelle la regardent, quelques passants s'arrêtent, un attroupement se forme. Personne ne semble surpris, après tout, nous sommes à Avignon, le Festival va commencer...

Isabelle regarde Cyril en souriant. Il est évident que
105 ce dernier est fort surpris du niveau de compétence de Jenny, de son professionnalisme, de son français sans aucun accent... Des applaudissements saluent les derniers vers de notre nourrice qui rougit de plaisir.

ISABELLE: Alors, qu'est-ce que tu en penses ?

110 CYRIL: Mademoiselle, c'est comment déjà, Jenny ? Jenny, qu'est-ce que vous faites en ce moment ? Vous voulez rester quelques jours ici ? Je crois que vous pouvez faire l'affaire !

QUESTIONS

A. Choisissez la proposition qui complète le mieux la phrase.

1. Julie va dormir
   a) sous une tente de camping.
   b) à côté de sa maman.
   c) avec Jenny et Isabelle.

2. Jenny et Isabelle décident de rester à Avignon
   a) parce que c'est plus près de Paris.
   b) parce qu'il n'y a plus de train.
   c) pour visiter la ville.

3. Elles veulent aller voir le Pont d'Avignon
   a) à cause de la chanson.
   b) à cause des cafés et des bals.
   c) pour voir Cyril.

4. Cyril est à Avignon
   a) pour voir sa famille.
   b) pour faire du sport.
   c) pour faire du théâtre.

5. Jenny connaît bien le rôle de la nourrice
   a) parce qu'elle l'a lu sur Internet.
   b) parce qu'elle va le jouer à son école.
   c) parce qu'elle l'a joué à Longville.

6. Après avoir entendu Jenny lire l'extrait
   a) les passants applaudissent.
   b) Cyril est furieux.
   c) Isabelle devient toute rouge.

B. Complétez les éléments de la colonne de gauche avec un des éléments de la colonne de droite. attention: il y a trop d'éléments dans la colonne de droite.

		a. de l'auberge
		b. de plaisir
		c. des Papes
1. C'est le Festival	_____	d. debout
2. la plus belle histoire	_____	e. en scène
3. Sara reste à l'hôpital	_____	f. l'affaire
4. Jenny et Isabelle n'ont aucune raison	_____	g. assis
5. C'est un metteur	_____	h. sans accent
6. elle s'est foulé	_____	i. public
7. le rôle	_____	j. en observation

8. Jenny parle _____ .   k. de la nourrice

9. elle rougit _____   l. d'amour

10. Jenny peut faire _____   m. d'Avignon

    n. une semaine

    o. le bras

    p. la cheville

    q. de rentrer à Marseille

CULTURE

1. AVIGNON

C'est une ville très ancienne ; au 5e siècle av. J.-C. un port est créé sur le fleuve, le Rhône. Au 12e siècle, c'est une république indépendante, entourée de remparts qui existent toujours. Au 14e siècle, les papes quittent Rome et s'installent à Avignon et pendant un siècle la ville deviendra splendide ; on construit de nombreuses églises, des chapelles, des couvents, une université. Les papes retourneront à Rome mais la ville restera florissante et sera rattachée à la France en 1791.

Cherchez d'autres détails sur Avignon à Internet ou dans une encyclopédie.

2. LE FESTIVAL D'AVIGNON

Il est très célèbre. Il a lieu chaque année au mois de juillet. Il a été créé en 1947 par un acteur / metteur en scène de grand talent, Jean Vilar. Son programme propose une quarantaine de pièces de théâtre (œuvres nouvelles ou nouvelles mises en scène de pièces contemporaines, souvent étrangères, et œuvres moins connues du répertoire), de spectacles de danse et de concerts de musique de toutes sortes. Certains spectacles se donnent dans la Cour d'Honneur du Palais des Papes, d'autres spectacles dans des cloîtres et des églises, ou un peu partout, en plein air ou dans divers édifices, dans la ville qui est pleine d'animation.

À VOUS

Regardez le programme et choisissez la pièce que vous voulez voir.

PROGRAMME

COUR D'HONNEUR

Platonov, d'après Tchekhov. Mise en scène : Eric Lacascade. Avec Christophe Grégoire, Jean Boissery, Arnaud Chéron, Christelle Legroux...
Du 5 au 15 juillet (relâche les 9 et 14), à 22 heures. Durée : 5 heures.
noBody, chorégraphie de Sasha Waltz. Avec Juan Kruz Diaz, Luc Dunberry, Takako Suzuki, Laurie Young...
Du 19 au 27 juillet (relâche le 23), à 22 heures. Durée : 1 h 30.

THÉÂTRE

Le Quatuor d'Alexandrie, d'après le roman de Lawrence Durrell. Adaptation et mise en scène : Stuart Seide.
Carrière de Boulbon. Du 11 au 21 juillet (relâche le 15), à 22 heures. Durée : 4 heures.
La Trilogie de la villégiature, de Goldoni. Mise en scène : Jean-Louis Benoit.
Cloître des Carmes. Du 9 au 19 juillet (relâche le 14), à 21 heures. Durée : 3 h 30.
L'Ouest solitaire, de Martin McDonagh. Traduction et mise en scène : Bernard Bloch.
Cloître des Carmes. Du 23 au 26 juillet, à 22 heures. Durée : 2 heures.
La Décision et **Mauser.**
La Décision, de Bertolt Brecht et Hanns Eisler (traduction Edouard Pfrimmer).
Mauser, de Heiner Müller (traduction de Jean Jourdheuil et Heinz Schwarzinger). Mise en scène : Jean-Claude Fall.
Cour du lycée Saint-Joseph. Du 6 au 12 juillet (relâche le 8), à 22 heures. Durée : 1 h 30.
Commedia del servitore, conçu et mis en scène par Stefan Moskov (Bulgarie).
Théâtre municipal. Du 8 au 11 juillet, à 21 h 30. Durée : 1 h 30. En bulgare surtitré.
Minetti, de Thomas Bernhard. Traduction : Claude Porcell. Mise en scène : Claudia Stavisky. Avec Michel Bouquet.
Théâtre municipal. Du 15 au 27 juillet (relâche les 19 et 24), à 21 h 30. Durée : 1 h 20.

Junun (Démences), de Jalila Baccar, d'après « Chronique d'un discours schizophrène », de Nejia Zemni. Mise en scène : Fadhel Jaïbi (Tunisie).
Cloître des Célestins. Du 21 au 26 juillet (relâche le 24), à 22 heures. Durée : 2 heures. En arabe surtitré.
La Vie de Galilée, de Brecht. Traduction : Eloi Recoing. Mise en scène : Jean-François Sivadier.
Cour du lycée Saint-Joseph. Du 16 au 24 juillet (relâche le 19), à 22 heures. Durée : 3 heures.
Cet homme s'appelle HYC, de et mis en scène par Christophe Huysman.
Gymnase du lycée Saint-Joseph. Du 10 au 14 juillet (relâche le 12), à 21 heures. Durée : 9 heures.
Purifiés, de Sarah Kane. Mise en scène : Krzysztof Warlikowski (Pologne).
Gymnase du lycée Saint-Joseph. Du 19 au 25 juillet (relâche le 21), à 22 heures. Durée : 2 h 40. En polonais surtitré.
Les Aveugles, de Maurice Maeterlinck. Mise en scène : Denis Marleau (Québec).
Chapelle du lycée Saint-Joseph. Du 8 au 25 juillet (relâche le 12, 13, 18 et 23), à 13 heures, 14 h 15 et 15 h 30. Durée : 45 minutes.
Prometeo, de Rodrigo Garcia. Traduction : Denise Laroutis. Mise en scène : François Berreur.
Salle Benoît-XII. Du 7 au 16 juillet (relâche le 11), à 19 heures. Durée : 1 h 30.
Visites, de Jon Fosse. Traduction : Terje Sinding. Mise en scène : Marie-Louise Bischofberger (Suisse).
Salle Benoît-XII. Du 20 au 26 juillet (relâche le 24), à 19 heures. Durée : 2 heures.
El Suicido, par le groupe El Periférico de objetos, de Buenos Aires (Argentine).
Eglise des Célestins. Du 6 au 14 juillet (relâche le 9), à 19 heures. Durée : 1 h 30. En espagnol surtitré.
Je crois que vous m'avez mal compris, écrit et mis en scène par Rodrigo Garcia (Espagne). Traduction : Christilla Vasserot.
Eglise des Célestins. Du 18 au 24 juillet (relâche le 22), à 15 heures. Durée : 50 minutes.
After Sun, écrit et mis en scène par Rodrigo Garcia (Espagne).

À VOUS

Au théâtre ce soir.

Est-ce qu'on joue une pièce écrite par un auteur francophone dans votre ville ? Cherchez dans un journal local.

CHAPITRE 8

Un rôle difficile

Encore une fois Isabelle a téléphoné à Rachid pour lui dire qu'elles allaient rester à Avignon puisque Jenny devait remplacer l'actrice qui allait jouer la nourrice dans *Roméo et Juliette*. Cyril, heureusement, avait loué un immense appartement et nos deux amies ont pu y rester, sans payer… évidemment !

Les répétitions prenaient toute la matinée et, dès le lendemain matin, Jenny a dû se lever tôt.

JENNY: Ce n'est pas juste, je dois me lever et toi, tu restes à dormir !

ISABELLE: Peut-être, mais, moi, je ne vais pas connaître la gloire de jouer en Avignon, comme on dit chez nous !

JENNY: J'ai drôlement peur, tu sais !

drôlement *terribly*

ISABELLE: Mais non, mais non… Tu vas voir, c'est facile…

JENNY: Pas si facile que cela, je dois réapprendre le texte en français !

ISABELLE: Allez, tu es heureuse comme un poisson dans l'eau.

JENNY: Non, plutôt comme une actrice sur les planches !

les planches *the stage*

ISABELLE: On se voit à midi, je viens te chercher, d'accord ?

JENNY: D'accord, au théâtre, à midi, j'espère qu'on va avoir le temps de déjeuner !

Mais ce n'est qu'à 14 heures que Jenny a pu retrouver Isabelle.

ISABELLE: Alors, c'était bien ?

30   JENNY: Non, terrible, j'étais nulle, vraiment NULLE !

nul(le) *lousy, zero*

ISABELLE: Mais non, je suis sûre que c'est faux!

JENNY: Écoute, je n'ai pas envie d'en parler... Mais je regrette bien d'avoir accepté !

ISABELLE: Tu vas voir, demain, tu vas être bien
35   meilleure, c'est normal, le premier jour ! Tiens, voilà un sandwich au jambon pour te remonter le moral.

le moral *morale, state of mind*

JENNY: Merci, mais, tu sais, je n'ai pas faim, j'ai l'estomac noué...

ISABELLE: Écoute, viens, on va marcher en même
40   temps, tu sais, hier soir, après toute cette histoire, on n'a même pas vu le fameux pont !

C'est ainsi que Jenny a mangé son sandwich sous le Pont d'Avignon... Nos deux amies se sont ensuite promenées dans les vieilles rues de la ville et, pour se
45   changer les idées, elles se sont assises à une terrasse de café pour regarder les touristes en buvant une limonade.

la limonade *lemon soda*

Les deux jours de répétitions ont passé très vite et le jour de la première représentation est vite arrivé. La
50   pièce allait faire l'ouverture du Festival dans la cour d'honneur du Palais des Papes, en plein air.

JENNY: Tu te rends compte, la pièce commence dans deux heures !

ISABELLE: Écoute, calme-toi, regarde Cyril, il est
55   calme, lui !

CYRIL: Bien sûr, il le faut !

JENNY: Mais enfin, Cyril, dis la vérité, tu sais bien que je suis très mauvaise !

CYRIL: Mais non, mais non... Repose-toi un peu, bois
60   un grand verre d'eau et va voir l'habilleuse !

l'habilleuse (*f*)
dresser

ISABELLE: Viens, je vais avec toi.

L'habilleuse et la maquilleuse ont vite fait de trans-former Jenny en une femme d'une quarantaine d'années, affable et haute en couleurs.

la maquilleuse
make-up artist

haute en couleurs
colorful, ruddy

65   JENNY: J'ai envie de mourir, je sais que j'ai oublié mon texte !

ISABELLE: Mais non ! tiens, récite-le-moi.

À ce même moment un éclair illumine la scène, suivi d'un immense coup de tonnerre. Une giboulée de
70   grêle se met alors à tomber et le décor préparé soigneusement par Cyril s'effondre bruyamment. Tout le monde se met à courir pour trouver un abri.

la giboulée *shower*
la grêle *hail*
le décor *scenery*

ISABELLE: Vite, vite, viens par ici, entrons à l'inté-rieur du Palais.

75   Tous les acteurs, Cyril, les autres techniciens sont déjà à l'abri. Jenny regarde les énormes grêlons qui tombent du ciel. Certains sont aussi gros qu'une balle de tennis. Soudain le toit, tout provisoire, qui servait à abriter les spectateurs d'une pluie possible, s'effon-
80   dre avec un bruit assourdissant.

le grêlon *hailstone*

assourdissant (e)
deafening

JENNY: Je n'ai jamais vu une chose pareille !

ISABELLE: Moi, si, une fois, à Strasbourg, c'est in-croyable, non ?

JENNY: Mais ça va durer longtemps ?

85 ISABELLE: Je n'en sais rien, mais il y a déjà beaucoup
de dégâts !

le dégât damage

JENNY: Des dégâts, tu veux dire, au décor de la pièce ?

ISABELLE: Oui, regarde la tête de Cyril !

JENNY: Regarde les sièges ; ils sont tous détruits ; les
90 gens, ils vont se mettre où ?

CYRIL: Nulle part, ma chère Jenny ! Nulle part ! Le
spectacle est annulé !

JENNY: Annulé ? On ne joue plus ?

CYRIL: Comment veux-tu jouer si le décor est par
95 terre, les tentures déchirées, les sièges trempés...
Il nous faut au moins trois jours pour tout reconstruire !

la tenture drape

Jenny, qui commence à comprendre, a beaucoup de
mal à cacher sa joie.

100 JENNY: Alors, dans trois jours, l'actrice qui s'est foulé
la cheville va...

CYRIL: Revenir ! Oui ma chère Jenny, tu es sauvée,
sauvée par la grêle !

QUESTIONS

A. VRAI ou FAUX. Dites si les phrases suivantes sont vraies ou
fausses. Si elles sont fausses, donnez la bonne réponse.

1. Les deux filles vont rester à Avignon pour visiter la ville.

2. Jenny est contente de sa première répétition.

3. La pièce va se jouer dans le Palais des Papes.

4. Jenny va être habillée et maquillée pour ressembler à Juliette.

5. Un orage terrible éclate.

6. Le décor de la pièce est détruit.

7. Maintenant le spectacle peut avoir lieu.

8. Jenny est désespérée.

B. ÉCRITURE

Expliquez, en trois ou quatre lignes, pourquoi Jenny est « sauvée par la grêle ».

C. Complétez les phrases avec un ou plusieurs mots trouvés dans le texte.

1. Elle est très contente, elle est heureuse comme ____.

2. Je suis nerveuse, j'ai ____.

3. Je suis inquiète, je veux penser à autre chose, j'ai besoin de me ____.

4. Ils vont jouer à l'extérieur, c'est à dire en ____.

5. Il y a de l'orage, j'ai entendu un coup de ____.

6. Ces petits glaçons viennent d'une giboulée de ____.

7. Il faut se protéger contre la pluie et trouver un endroit au sec, un ____.

CULTURE

1. LA MÉTÉO

Regardez la carte météo pour le 9 octobre. Trouvez la région d'Avignon.

1. Quel temps a-t-il fait vers midi ?

2. Où a-t-il fait beau en France le 9 octobre ?

3. En Europe, que remarquez-vous ?

4. Dans quelle ville de France a-t-il fait le plus chaud ? Le plus froid ?

À VOUS

Donnez en français le bulletin météo pour votre région.

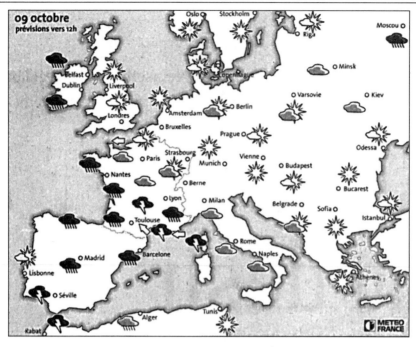

*Ville par ville, les minima/maxima de
température et l'état du ciel. S : ensoleillé;
N : nuageux; C : couvert; P : pluie; * : neige.*

FRANCE métropole

Ajaccio	13/22 P
Biarritz	12/17 P
Bordeaux	10/17 P
Bourges	6/18 C
Brest	10/14 P
Caen	7/16 N
Cherbourg	6/16 N
Clermont-F.	7/20 P
Dijon	6/17 N
Grenoble	14/20 P
Lille	4/16 S
Limoges	9/16 P
Lyon	11/20 C
Marseille	14/18 P
Nancy	2/16 S
Nantes	8/16 P
Nice	14/19 P
Paris	5/18 S
Pau	8/17 P
Perpignan	15/20 P
Rennes	7/17 C
St-Etienne	8/19 C
Strasbourg	3/15 S
Toulouse	12/17 P
Tours	6/16 C

2. LE PALAIS DES PAPES

Construit au 14ᵉ siècle sur un rocher, il a une allure de forteresse. Vous pouvez voir ce célèbre palais gothique qui était le siège de la chrétienté dans une visite virtuelle en cliquant sur *www.palais-des-papes.com*

Bonne visite!

Que pensez-vous du Palais des Papes ?

CHAPITRE 9

Marseille, enfin !

Cyril a avoué à Jenny qu'en réalité, c'était vrai, elle n'était pas très bonne… et que l'orage n'avait pas eu que des conséquences négatives. Le lendemain, puisque leur présence n'était plus nécessaire, nos
5 deux amies sont enfin retournées à Marseille◆ où Rachid les attendait.

avouer *to admit*

Rachid était grand, mince, brun avec les cheveux courts et bouclés et un sourire qui le quittait rarement.

10 RACHID: Enfin ! Je désespérais de vous voir !

ISABELLE: Rachid, je te présente Jenny, ma meilleure amie.◆

RACHID: Enchanté, Jenny, on se fait la bise◆ ? J'ai tellement entendu parler de toi !

la bise *(fam.) kiss*

15 JENNY: Et moi, de toi ; je sais qu'au lycée Colbert vous étiez inséparables !

ISABELLE: Hélàs! Il habite maintenant à 1000 kilomètres !

RACHID: Sauf que, avec le TGV, c'est hyper rapide…

20 JENNY: Quand on vient directement, pas quand on fait un va-et-vient entre Marseille et Avignon…

va-et-vient *coming and going*

RACHID Il fait un temps superbe, voulez-vous aller à la plage ?

ISABELLE: Absolument, on est en vacances et on n'a
25 pas encore nagé !

RACHID: On va poser vos sacs chez moi et on va aller
à une plage merveilleuse ! Vous allez voir...

JENNY: On met nos maillots chez toi ou là-bas ?

RACHID: Chez moi, et on va prendre un pull, en
30   bateau il fait parfois très frais !

ISABELLE: On prend un bateau ?

RACHID: Exact, on va aux îles du Frioul, à un quart
d'heure de bateau du Vieux Port, c'est un endroit
génial où l'eau est turquoise, pure, propre et les   génial(e) *great*
35   plages désertes.

L'embarquement était sur le Vieux Port et, à la
grande joie des deux filles, un immense bateau à
voiles noires venait d'y entrer.

ISABELLE: Regarde ce bateau ! Quelle merveille...

40   JENNY: Mais, regarde aussi l'équipage !   équipage (*m.*) *crew*

Une douzaine d'hommes et de femmes, tous habil-
lés d'un short noir et d'un T-shirt blanc étaient
occupés à amarrer le bateau au port.   amarrer *to attach*
                                                boat

RACHID: C'est le bateau de quelqu'un qui aime le noir !

45   ISABELLE: Et le blanc ! Tu sais qui c'est ?

RACHID: Sans doute un acteur de cinéma...

JENNY: Non, je pense que c'est une actrice.

RACHID: Bon, en attendant, venez, notre bateau est
beaucoup plus modeste !

50   Dix minutes plus tard leur petit bateau s'éloignait
du port. Les maisons brillaient au loin et, très vite, le
bleu du ciel se confondait avec celui de la mer.

JENNY: Comme c'est joli, Marseille !

ISABELLE: L'eau est si bleue...

55 RACHID: Vous allez voir, aux îles, elle est encore plus bleue !

JENNY: Qu'est-ce que c'est que ce château fort ?

RACHID: C'est le Château d'If◆.

ISABELLE: La prison du Comte de Monte-Cristo◆?

60 JENNY: Monte-Cristo ! J'ai lu ce livre, c'est une histoire formidable.

RACHID: Edmond Dantès s'est échappé en nageant, juste où nous sommes.

ISABELLE: J'ai aussi vu le film, avec Gérard
65   Depardieu.

RACHID: Regardez, plus loin, voilà les îles où nous allons.

Une fois arrivées sur l'île, nos deux amies ont suivi leur guide qui, de calanque en calanque, les a menées
70 jusqu'à une petite plage de sable, complètement déserte, une plage de carte postale. Dans cette région de France, on appelle « calanque » les criques formées   la crique *cove*
par les rochers et, dans certains cas, on ne peut y accéder qu'en bateau !

75 JENNY: Je suis dans l'eau dans une minute.

ISABELLE: Et moi, dans trente secondes.

Mais le temps qu'elles enlèvent leurs T-shirts et leurs shorts, Rachid, lui, était déjà dans l'eau.

RACHID: Hum! Comme elle est bonne !

80 ISABELLE: C'est pas juste, attends-nous !

JENNY: Viens, on va le rattraper.

L'eau était, en effet, délicieuse et c'est avec émerveillement qu'Isabelle et Jenny ont passé le reste de la journée à nager, à bronzer, autrement dit à ne rien
85 faire, et pour la première fois depuis plusieurs jours, à être vraiment en vacances !

QUESTIONS

A. Complétez les phrases suivantes.

1. Jenny et Isabelle sont rentrées à Marseille
   a) parce que Jenny ne jouait pas très bien.
   b) parce que Rachid les attendait.
   c) parce que Cyril n'avait plus besoin de Jenny.

2. Rachid a toujours l'air
   a) joyeux.
   b) étonné.
   c) pressé.

3. Ils vont d'abord aller
   a) à la plage.
   b) chez Rachid.
   c) en bateau.

4. Rachid les emmène aux Iles du Frioul
   a) parce que l'eau y est très claire.
   b) pour traverser le Vieux Port.
   c) pour faire du bateau.

5. Au Vieux Port les deux filles admirent
   a) un acteur de cinéma.
   b) une actrice qui aime le noir et blanc.
   c) un grand voilier.

6. Le Château d'If est
   a) un livre formidable.
   b) une prison célèbre.
   c) une histoire connue.

7. Sur la plage où ils étaient
   a) il n'y avait personne.
   b) ils ont acheté des cartes postales.
   c) ils ont fait du bateau.

8. La première personne à être dans l'eau était
   a) Jenny.
   b) Isabelle.
   c) Rachid;

B. Complétez le résumé du chapitre avec un des mots suivants.

à   chez   de   en   où   leurs   pour   près

Jenny et Isabelle sont retournées __1__ Marseille et elles ont posé __2__ sacs __3__ Rachid avant de prendre un bateau __4__ aller à la plage. Ils sont passés __5__ du Château d'If __6__ a été emprisonné le Comte __7__ Monte Cristo. Nos deux amies ont nagé le reste de la journée et, pour la première fois, se sentaient vraiment __8__ vacances.

C. JEU DE MOTS

Remplissez les cases avec un nom propre trouvé dans le chapitre et trouvez l'énigme.

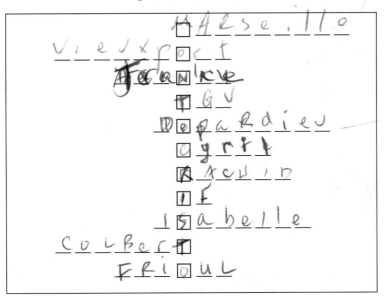

Qui est-ce ?

Il était heureux.

Il a été victime d'une injustice.

Il a retrouvé la liberté.

Il est devenu riche.

Il s'est vengé.

◆Culture

1. RENCONTRES

Pour se saluer, quand on se rencontre, on se sert la main.

Quand on se connaît bien, on s'embrasse, mais rarement les hommes entre eux.

À l'école, les filles s'embrassent quand elles arrivent. Les garçons se serrent la main. Les filles et les garçons qui se connaissent bien s'embrassent aussi.

En général on s'embrasse deux ou trois fois, sur les deux joues.

2. TU OU VOUS ?

C'est un choix parfois difficile à faire !

Les jeunes se disent « tu » : ils se tutoient. Dans les familles, en général, on se tutoie également.

On doit vouvoyer (dire « vous ») les gens qu'on ne connaît pas.

3. MARSEILLE

Pour découvrir tout sur Marseille, la deuxième ville de France après Paris pour la population, cliquez sur *www.mairie-marseille.fr.* C'est la ville française la plus ancienne puisqu'elle remonte au 6e siècle avant J.-C. .C'est le premier port de France ; son site est remarquable et Marseille jouit aussi d'un grand développement culturel.

4. LES ÎLES DU FRIOUL

Ce sont trois petites îles situées en face de Marseille, pleines de criques et de calanques où l'on peut se baigner sur des plages de sable fin presque désertes.

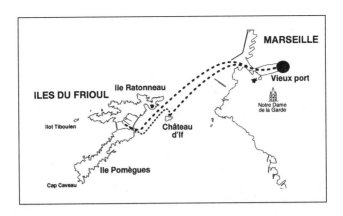

5. LE CHÂTEAU D'IF ET LE COMTE DE MONTE CRISTO

Le château-forteresse a été construit vers 1524 pour protéger la rade de Marseille ; puis il a été transformé en prison où fut enfermé, entre autres, le célèbre prisonnier de Louis XIV, le Masque de Fer. On peut aussi voir la cellule où aurait été enfermé le Comte de Monte Cristo, le personnage du livre *LE COMTE DE MONTE CRISTO* par Alexandre Dumas.

C'est l'histoire d'un jeune marin, Edmond Dantès, qui a été trahi par ses amis et jeté en prison au Château d'If où il est resté pendant plus de 15 ans.

Au Château d'If il a rencontré un vieux prêtre que l'on croit fou : l'Abbé Faria. Edmond Dantès va sortir du château d'If et va trouver la fortune cachée par l'Abbé Faria, dans une île de la Méditerranée. Il va devenir le Comte de Monte Cristo et va revenir pour se venger.

Cherchez ce livre, en anglais, à la bibliothèque de votre école et lisez-le !

CHAPITRE 10

Une bonne bouillabaisse

En fin d'après-midi, avec le meilleur guide de la ville entière, Rachid, elles sont allées explorer le vieux quartier du « Panier », à côté du Vieux Port.

JENNY: C'est formidable, ces vieilles ruelles, ces *la ruelle alley*
5 maisons des 16e et 17e siècles ! Nous, à Longville, la plus vieille maison date de 1890 !

ISABELLE: C'est pour ça qu'on appelle ton pays « Le Nouveau Monde ».

RACHID: Venez, on va aller voir s'il y a une exposition
10 à La Charité.

JENNY: Qu'est-ce que c'est ?

RACHID: C'est un vieil hôpital du 17e siècle qui a été rénové et où il y a souvent des concerts, des expos.

ISABELLE: Avec un peu de chance, on peut entendre
15 un concert !

RACHID: Non, tout à l'heure on va à la Criée, sur le Vieux Port, on va au théâtre.

JENNY: On va voir quoi ?

RACHID: C'est une surprise !

20 ISABELLE: Oh, allez, dis-nous, sois sympa...

RACHID: Bon, d'accord, on va voir une pièce de Molière.

JENNY: Chic alors, quelle pièce ?

RACHID: *L'Avare.*

25 ISABELLE: C'est génial, il paraît que la mise en scène est formidable !

RACHID: Et tenez-vous bien, on est au troisième rang !

ISABELLE: J'espère que l'actrice principale ne va pas se casser la jambe...

30 JENNY: Peut-être que, cette fois-ci, c'est l'acteur principal qui va avoir des ennuis... Et Rachid va jouer Harpagon !

Rachid s'était éloigné et, soudain, se retournant, il s'est mis à crier :

35 « Au voleur ! Au voleur ! À l'assassin ! Au meurtrier ! Justice, juste ciel ! Je suis perdu, je suis assassiné ! On m'a coupé la gorge, on m'a dérobé mon argent ! Qui peut-ce être ? Qu'est-il devenu ? Où est-il ? Où se cache-t-il ? Que ferai-je pour le 40 retrouver ? Où courir ? Où ne pas courir ? N'est-il point là ? N'est-il point ici ? Qui est-ce ? Arrête... »

dérober *to steal*

ISABELLE: Rachid, arrête, tu es malade !

Depuis un moment, en effet, un policier s'était approché et regardait le groupe avec étonnement...

45 ISABELLE: Ce n'est rien, c'est du Molière !

LE POLICIER: Je sais, Mademoiselle ! Je l'ai étudié à l'école, moi aussi ! C'est simplement que...

RACHID: Oh, excusez-moi!

LE POLICIER: Mais non, au contraire, vous êtes doué, 50 vous savez...

Comme Jenny, Rachid aimait le théâtre mais il ne voulait pas en faire sa profession, il voulait simplement continuer à faire du théâtre amateur.

C'est donc en riant que nos trois amis sont arrivés à 55 la Charité où, en effet, ils ont pu voir une exposition très sympathique des œuvres de Cézanne, ce peintre

impressionniste qui aimait tout particulièrement la Provence, où il avait vécu presque toute sa vie. Il y avait, en particulier, plusieurs peintures et dessins de
60 la Montagne Sainte-Victoire qu'ils ont beaucoup aimés.

À 19 heures 30 ils se trouvaient au théâtre et, effectivement, ils avaient les meilleures places de la salle.

effectivement
indeed

ISABELLE: Comment as-tu fait pour avoir de si
65 bonnes places ?

JENNY: Tu connais quelqu'un de haut placé ?

RACHID: Regardez sur le programme, vous allez voir !

ISABELLE: Bien sûr, que je suis bête, c'est ta mère qui s'occupe des activités culturelles de la ville !

70 La mère de Rachid travaillait en effet à la mairie de Marseille et s'occupait des nombreux spectacles organisés, surtout l'été, à la saison des touristes. La pièce était vraiment très drôle, les acteurs formidables, la mise en scène originale. À la sortie tous étaient
75 enchantés.

JENNY: Je suis fière de moi, j'ai presque tout compris !

fier, fière proud

ISABELLE: C'est bien, tu sais, le français du XVIIe siècle n'est pas facile à comprendre !

JENNY: Harpagon était presque aussi bon que toi !

80 RACHID: Hum, je crois que tu exagères ! Vous savez qu'il est déjà 22 heures 30, vous avez faim ?

ISABELLE: Oui, tu as une idée ?

RACHID: Ma mère nous invite tous à aller manger une bouillabaisse sur la Canebière !

85 JENNY: Qu'est-ce-que c'est qu'une bouillabaisse ? Et, la Canebière, c'est quoi ?

RACHID: La Canebière, c'est une grande avenue, tout près d'ici. Elle commence au Vieux Port au milieu du quai et elle continue tout droit en plein centre de

90 Marseille.

ISABELLE: C'est un peu comme les Champs-Elysées, non ?

RACHID: Oui, si on veut... Elle est très célèbre; il y a des tas de cafés, des restaurants, des boutiques,

95 plein de monde...

JENNY: Et la bouillabaisse ?

RACHID: C'est une soupe de poisson.

JENNY: Une soupe de poisson ? Je vais aimer ?

ISABELLE: Tu vas adorer... Comme ton premier jour, à

100 Rouen, tu te souviens ?

JENNY: Et comment, la soupe, la langue à la sauce tomate !

RACHID: Et tu n'as pas aimé ?

ISABELLE: Il fallait voir sa tête, c'était à mourir de rire !

105 JENNY: Attendez, ne vous moquez pas si vite ! Isabelle, tu veux que je raconte ?

RACHID: Quoi ? Qu'est-ce que tu peux raconter ?

JENNY: L'été dernier, à Chicago, au Tex-Mex...

ISABELLE: Oh non, ces horribles burritos...

110 Mais, ce soir-là, avec la maman de Rachid, tout le monde a apprécié la bouillabaisse et personne n'a été malade !

QUESTIONS

A. Répondez aux questions avec une phrase complète.

1. Qu'y a-t-il de particulier dans le Quartier du Panier ?

2. La Charité, qu'est-ce que c'est ?

3. Quels sont leurs projets pour la soirée ?

4. Pourquoi peut-on dire que Rachid est un bon acteur ?

5. Pourquoi Isabelle a-t-elle peur quand le policier s'approche ?

6. Quelle exposition ont-ils vue à la Charité ?

7. Pourquoi avaient-ils de très bonnes places au théâtre ?

8. Pourquoi est-ce que ça peut être difficile de comprendre cette pièce ?

9. Où vont-ils dîner et que vont-ils manger ?

10. Quelles sont les deux histoires de nourriture auxquelles les deux filles font allusion ?

B. Les titres suivants résument le chapitre. Remettez-les en ordre.

AU THÉÂTRE.

UNE TRÈS BONNE SOUPE.

UNE BELLE EXPOSITION.

L'ACTEUR-AMATEUR.

VISITE DE LA VIEILLE VILLE.

C. PETIT THÉÂTRE. À votre tour choisissez des acteurs pour Jenny, Isabelle, Rachid et le policier et jouez la scène depuis le début jusqu'à la dernière réplique du policier; puis choisissez d'autres acteurs depuis la remarque de Jenny « Je suis fière de moi... » jusqu'à la fin du chapitre.

◆ CULTURE

1. LES PRÉNOMS

Isabelle, Michel, Marc, Luc, sont des prénoms traditionnels français. Ils ont une origine catholique et on les trouve dans le calendrier, chaque jour étant celui d'un saint. Autrefois les gens recevaient un cadeau le jour de leur fête.

Cherchez le jour de la fête de personnes que vous connaissez.

Jenny (de Jennifer) et beaucoup d'autres prénoms (Ondine, Mélodie) n'ont pas de « saint » et donc ne sont pas dans le calendrier.

Hans, Gunther, Olaf sont des prénoms étrangers. Rachid est le prénom d'un jeune homme dont les parents sont originaires d'Afrique du Nord.

JANVIER	FÉVRIER	MARS	AVRIL
1 J. de L'AN	1 sᵉ Ella	1 s Aubin	1 s Hugues
2 s Basile	2 Présentation	2 s Ch. le Bon	2 sᵉ Sandrine
3 sᵉ Geneviève	3 s Blaise	3 s Guénolé	3 s Richard
4 s Odilon	4 sᵉ Véronique	4 Carême	4 s Isidore
5 s Édouard	5 sᵉ Agathe	5 sᵉ Olive	5 sᵉ Irène
6 s Melaine	6 s Gaston	6 sᵉ Colette	6 s Marcellin
7 Épiphanie	7 sᵉ Eugénie	7 sᵉ Félicité	7 s J.B. de la S.
8 s Lucien	8 sᵉ Jacqueline	8 s Jean de D.	8 Rameaux
9 sᵉ Alix	9 sᵉ Apolline	9 sᵉ Franç R.	9 s Gautier
10 s Guillaume	10 s Arnaud	10 s Vivien	10 s Fulbert
11 s Paulin	11 N.-D. Lourdes	11 sᵉ Rosine	11 s Stanislas
12 sᵉ Tatiana	12 s Félix	12 sᵉ Justine	12 s Jules
13 sᵉ Yvette	13 sᵉ Béatrice	13 s Rodrigue	13 Vend. Saint
14 sᵉ Nina	14 s Valentin	14 sᵉ Mathilde	14 s Maxime
15 s Remi	15 s Claude	15 sᵉ Louise M.	15 PÂQUES
16 s Marcel	16 sᵉ Julienne	16 sᵉ Bénédicte	16 s Ben. J. L.
17 sᵉ Roseline	17 s Alexis	17 s Patrice	17 s Anicet
18 sᵉ Prisca	18 sᵉ Bernadette	18 s Cyrille	18 s Parfait
19 s Marius	19 s Gabin	19 s Joseph	19 sᵉ Emma
20 s Sébastien	20 sᵉ Aimée	20 s Herbert	20 sᵉ Odette
21 sᵉ Agnès	21 s P. Damien	21 sᵉ Clémence	21 s Anselme
22 s Vincent	22 sᵉ Isabelle	22 Mi-Carême	22 s Alexandre
23 s Barnard	23 s Lazare	23 s Victorien	23 s Georges
24 s Franç. Sales	24 s Modeste	24 Annonciat.	24 s Fidèle
25 Conv. s. Paul	25 s Roméo	25 s Humbert	25 s Marc
26 sᵉ Paule	26 s Nestor	26 sᵉ Larissa	26 sᵉ Alida
27 sᵉ Angèle	27 Mardi gras	27 s Habib	27 sᵉ Zita
28 s Th. D'Aquin	28 Cendres	28 s Gontran	28 sᵉ Valérie
29 s Gildas		29 sᵉ Gwladys	29 Souvenir Dép.
30 sᵉ Martine		30 s Amédée	30 s Robert
31 sᵉ Marcelle		31 s Benjamin	

MAI	JUIN	JUILLET	AOÛT
1 TRAVAIL	1 s Justin	1 s Thierry	1 s Alphonse
2 s Boris	2 sᵉ Blandine	2 s Martin	2 s Julien
3 ss Phil./Jacq.	3 PENTECÔTE	3 s Thomas	3 sᵉ Lydie
4 s Sylvain	4 sᵉ Clotilde	4 s Florent	4 s JM Vianney
5 sᵉ Judith	5 s Igor	5 s Ant.-Marie	5 s Abel
6 sᵉ Prudence	6 s Norbert	6 sᵉ Marietta G.	6 Transfig.
7 sᵉ Gisèle	7 s Gilbert	7 s Raoul	7 s Gaétan
8 Victoire 1945	8 s Médard	8 s Thibaut	8 s Dominique
9 s Pacôme	9 sᵉ Diane	9 sᵉ Amand.	9 s Amour
10 sᵉ Solange	10 s Landry	10 s Ulrich	10 s Laurent
11 sᵉ Estelle	11 s Barnabé	11 s Benoît	11 sᵉ Claire
12 s Achille	12 s Guy	12 s Olivier	12 sᵉ Clarisse
13 Fête J. d'Arc	13 s Ant. de Pa.	13 ss Henri/Joël	13 s Hippol.
14 s Matthias	14 s Élisée	14 FÊTE NAT.	14 s Evrard
15 sᵉ Denise	15 sᵉ Germaine	15 s Donald	15 ASSOMPT.
16 s Honoré	16 s J.F. Régis	16 ND Mt. Car.	16 s Armel
17 s Pascal	17 Dieu/Pères	17 sᵉ Charlotte	17 s Hyacinthe
18 s Éric	18 s Léonce	18 s Frédéric	18 sᵉ Hélène
19 s Yves	19 s Romuald	19 s Arsène	19 s Jean Eudes
20 s Bernardin	20 s Silvère	20 sᵉ Marina	20 s Bernard
21 s Constant.	21 s Rudolphe	21 s Victor	21 s Christophe
22 s Émile	22 Sacré-Coeur	22 sᵉ Marie-Mad.	22 s Fabrice
23 s Didier	23 sᵉ Audrey	23 sᵉ Brigitte	23 sᵉ Rose
24 ASCENSION	24 s Jean-Bapt.	24 sᵉ Christine	24 s Barthélemy
25 sᵉ Sophie	25 s Prosper	25 s Jac. le Maj.	25 s Louis
26 s Bérenger	26 s Anthelme	26 sᵉ Anne	26 sᵉ Natacha
27 F. des Mères	27 s Fernand	27 sᵉ Nathalie	27 sᵉ Monique
28 s Germain	28 s Irénée	28 s Samson	28 s Augustin
29 s Aymar	29 ss Pierre/Paul	29 sᵉ Marthe	29 sᵉ Sabine
30 s Ferdinand	30 s Martial	30 sᵉ Juliette	30 s Fiacre
31 Visitation		31 s Ignace de L.	31 s Aristide

SEPTEMBRE	OCTOBRE	NOVEMBRE	DÉCEMBRE
1 s Gilles	1 sᵉ Thér. EJ	1 TOUSSAINT	1 sᵉ Florence
2 sᵉ Ingrid	2 s Léger	2 Défunts	2 Avent
3 s Grégoire	3 s Gérard	3 s Hubert	3 s Fr.-Xavier
4 sᵉ Rosalie	4 s Franç. d'As.	4 s Charles Bo.	4 sᵉ Barbara
5 sᵉ Raissa	5 sᵉ Fleur	5 sᵉ Sylvie	5 s Gérald
6 s Bertrand	6 s Bruno	6 sᵉ Bertille	6 s Nicolas
7 sᵉ Reine	7 s Serge	7 sᵉ Carine	7 s Ambroise
8 Nativité N-D	8 sᵉ Pélagie	8 s Geoffroy	8 Imm. Conc.
9 s Alain	9 s Denis	9 s Théodore	9 s P. Fourier
10 sᵉ Inès	10 s Ghislain	10 s Léon	10 s Romaric
11 s Adelphe	11 s Firmin	11 Vict. 1918	11 s Daniel
12 s Apollinaire	12 s Wilfried	12 s Christian	12 sᵉ JF de Chant.
13 s Aimé	13 s Géraud	13 s Brice	13 sᵉ Lucie
14 Sainte Croix	14 s Juste	14 s Sidoine	14 sᵉ Odile
15 s Roland	15 sᵉ Thér. A	15 s Albert	15 sᵉ Ninon
16 sᵉ Édith	16 sᵉ Edwige	16 sᵉ Marguerite	16 sᵉ Alice
17 s Renaud	17 s Baudouin	17 sᵉ Élisabeth	17 s Judicaël
18 sᵉ Nadège	18 s Luc	18 sᵉ Aude	18 s Gatien
19 sᵉ Émilie	19 s René	19 s Tanguy	19 s Urbain
20 s Davy	20 sᵉ Adeline	20 s Edmond	20 s Théophile
21 s Matthieu	21 sᵉ Céline	21 Présent. N-D	21 s P. Canisius
22 s Maurice	22 sᵉ Salomé	22 sᵉ Cécile	22 sᵉ Fr.-Xavière
23 s Constant	23 s Jean de Ca.	23 s Clément	23 s Armand
24 sᵉ Thècle	24 s Florentin	24 sᵉ Flora	24 sᵉ Adèle
25 s Hermann	25 s Crépin	25 sᵉ Cath. Lab.	25 NOËL
26 ss Côme/Dam.	26 s Dimitri	26 sᵉ Delphine	26 s Étienne
27 s Vinc. de P.	27 sᵉ Émeline	27 s Séverin	27 s Jean Apôt.
28 s Venceslas	28 s Simon	28 s Jacq. de M.	28 ss Innocents
29 s Michel	29 s Narcisse	29 s Saturnin	29 s David
30 s Jérôme	30 sᵉ Bienvenue	30 s André	30 Ste Famille
	31 s Quentin		31 s Sylvestre

2. **Cherchez LA PLUS VIEILLE MAISON** de votre ville (ou le quartier le plus ancien), apportez des documents (photos, livres) et racontez son histoire à la classe.

3. MOLIÈRE

C'est un grand auteur comique du 17e siècle. Cherchez sur Internet ou dans une encyclopédie :

a) Le nom de 10 pièces écrites par Molière.

b) Le nom et l'histoire de son théâtre (*La Comédie française*)

c) Les éléments tragiques de sa vie personnelle et les circonstances de sa mort.

4. LA BOUILLABAISSE

C'est le plat le plus célèbre de la cuisine provençale. Trois poissons sont indispensables : la rascasse (*scorpion fish*), le grondin et le congre (*conger eel*). On en ajoute d'autres, tous très frais : du loup, du turbot, du rouget, du john dory (*john dory*), et des moules, de petits crabes et quelquefois de la langouste (*lobster*).

On fait dorer des onions hachés dans de l'huile d'olive ; on ajoute 2 grosses tomates hachées, 1/2 poireau, 3 gousse d'ail, du fenouil, du citron en tranches et un zest d'orange, puis de l'eau et du vin blanc et on fait cuire 10 minutes avec du thym, du laurier, ½ cuiller de safran, du poivre. On ajoute ensuite les poissons, les plus fermes d'abord et les moules en dernier. Quand c'est tout juste cuit, on met les poissons dans une terrine et on passe la soupe au tamis (*press through a sieve*) par-dessus avec des tranches de pain grillé et du persil.

On sert avec une sauce épicée, la Rouille, qui est faite avec de l'ail, du piment rouge (*hot red chili*), du safran, 3 jaunes d'œuf et 1½ tasse d'huile d'olive.

Pour remplacer les poissons de la Méditerranée si on ne peut pas les trouver, on peut prendre du *red snapper, monk fish, porgy*, de l'*orange roughy*.

CHAPITRE 11

La montagne
Sainte-Victoire

Isabelle et Jenny sont à Marseille depuis 3 jours. Elles ont vu tous les musées, marché dans les vieux quartiers, visité les églises. Elles ont même passé toute une journée avec Sara et Julie, sur la petite plage de
5 l'Estaque♦ à nager et à jouer au ballon. Avant qu'elle quittent Marseille pour Nice, leur prochaine destination, Rachid a réussi à les convaincre de faire une randonnée dans la Montagne Sainte-Victoire, à l'est d'Aix-en-Provence, avec Luc, son meilleur copain, un
10 gentil garçon blond qui habite près de chez lui. Jenny a l'habitude de faire de longues marches ; 15, 20 kilomètres ne lui font pas peur ! Mais, Isabelle... ! Elle n'est pas très sportive et elle n'a pas l'habitude de ces distances.

15 Il est donc 9 heures du matin lorsque le car en provenance de Marseille les dépose sur la D10♦, aux Cabassols, tout au début du GR9♦ qui va les amener à la Croix de Provence.

RACHID: Bon, vous êtes prêts ?

20 ISABELLE: Mais bien sûr ! Nous sommes en pleine forme, n'est-ce pas Jenny ?

JENNY: Évidemment, on ne va pas avoir peur d'un petit sentier de montagne de rien du tout...   le sentier *path*

LUC: Hum, hum, de rien du tout, c'est vite dit !   de rien du tout *nothing*

25 ISABELLE: Comment ça, c'est vite dit ?

RACHID: Mais non, il blague, vous allez voir, du haut   blaguer *to kid* de la montagne on a une vue incroyable.

74

ISABELLE: On va monter jusqu'où ?

LUC: Regarde, jusque là-haut.

30   Devant eux, en effet, se dresse une superbe montagne, superbe mais un peu effrayante. Jenny regarde Isabelle qui regarde la montagne en pâlissant légèrement.

pâlissant turning pale

JENNY: Ce n'est pas si haut que cela, n'est-ce pas les
35   garçons ?

LUC: Et bien la Sainte-Victoire est à 900 mètres et, ensuite, la Croix de Provence...

RACHID: ... est tout à côté, c'est trois fois rien.

trois fois rien nothing

JENNY (à Isabelle):   Tu vois... , allez, on y va.

40   ISABELLE: Mais oui, 15 kilomètres, ce n'est rien du tout...

Joignant le geste à la parole Isabelle s'engage sur le chemin, suivie par Jenny. Les deux garçons ferment la marche.

45   Les deux premiers kilomètres se passent très bien, nos quatre amis chantent toutes les chansons de leur répertoire, tout en marchant d'un bon pas.

LUC: Arrêtons-nous ici, il y a un point de vue superbe.

point de vue view

50   JENNY: Qu'est-ce qu'on voit, là-bas ?

RACHID: C'est Aix. C'est une assez grande ville.

ISABELLE: On va y aller après notre marche ? On a pris l'autoroute tout à l'heure et on n'a rien vu , il paraît que c'est très joli !

55   LUC: Sans doute pas, le car passe à Puyloubier, c'est sur la D57, à l'opposé d'Aix.

JENNY: Quel dommage !

RACHID: Restez un jour de plus, on peut revenir...

C'est à midi que nos quatre amis arrivent au cloître
60   de Notre-Dame de Sainte-Victoire et c'est en admirant

la jolie vue des vallées et des chaînes de montagne qu'ils mangent le pique-nique transporté dans leurs sacs à dos. Jenny remarque qu'Isabelle parle peu.

JENNY: Isabelle, ça va ?

65   ISABELLE: Oui, ça va.

RACHID: Les pieds, ça va ?

JENNY: Moi, oui, j'ai mes super chaussures de marche ; pas de problème. Et vous ?

LUC: C'est bon, je tiens le coup.

tenir le coup to
*hold up, to be
OK*

70   Tout le monde regarde Isabelle qui, elle, ne répond pas. Personne n'ose insister. On sent que, après le pique-nique, l'atmosphère est plus tendue, le départ plus difficile.

RACHID: La Croix de Provence est par ici, vous allez
75   voir le panorama, il est sublime.

Personne n'ose demander combien de kilomètres les séparent de ce superbe paysage ; tout le monde regarde Isabelle du coin de l'œil, Isabelle qui marche de plus en plus difficilement. Malgré la beauté des arbres, du sen-
80   tier, les odeurs de jasmin et d'orangers, Jenny marche sans plaisir. Elle se rend compte que cette randonnée, cette escalade, est trop difficile pour Isabelle et elle regrette d'avoir insisté. Cette dernière, soudain, s'arrête, s'assied sur le bord du chemin et déclare :

escalade (f.) climb

85   ISABELLE: Allez-y sans moi, je ne bouge plus.

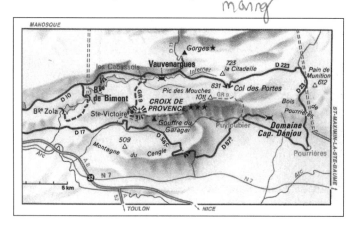

QUESTIONS

A. VRAI ou FAUX. Dites si les phrases suivantes sont vraies ou fausses. Si elles sont fausses, donnez la bonne réponse.

1. À Marseille nos deux amies n'ont pas pu revoir la petite fille du train.
2. Rachid propose de faire une longue marche.
3. Luc est un ami de Nice.
4. Jenny est plus sportive qu'Isabelle.
5. La Sainte-Victoire est un vieux château.
6. Jenny marche devant Isabelle.
7. Au début les quatre amis marchent lentement.
8. Ils déjeunent dans un cloître.
9. Isabelle parle de plus en plus.
10. Isabelle s'arrête soudain car elle est de mauvaise humeur.

B. Complétez ce résumé du chapitre avec le verbe qui convient.

a	devient	doivent	faire	peut
va	quitter	refuse	s'arrête	vont

Avant de __1__ Marseille, Isabelle et Jenny __2__ faire une randonnée dans la Montagne Sainte-Victoire. Elles __3__ marcher toute la journée. Isabelle n'__4__ pas l'habitude de __5__ tant de kilomètres en un jour. Au début tout __6__ bien, mais petit à petit il __7__ évident qu'Isabelle ne __8__ pas continuer. Elle __9__ soudain au bord de la route et __10__ d'avancer.

CULTURE

1. L'ESTAQUE

C'est un village de pêcheurs juste au nord de Marseille où, de 1860 à 1914, de nombreux peintres ont séjourné, y compris Cézanne à plusieurs reprises. C'est le sujet de nombreuses peintures par Braque, Derain, Dufy, Renoir et bien sûr, Cézanne.

2. LES ROUTES EN FRANCE

Les grandes autoroutes Européennes sont marquées E, comme E80 qui passe par Aix. Les Autoroutes sont marquées A, comme A7, l'autoroute du Soleil. (E80 et A7 coïncident un moment dans la région d'Aix). Elles ont souvent des noms; l'Occitane, la Méridienne (A75), l'Autoroute des Deux-Mers (A62).

Les routes Nationales sont marquées N, comme la N7 qui, avant la construction des autoroutes, était la route du Soleil, c'est à dire qu'elle conduisait les gens vers le soleil du midi. Il y a une chanson de Charles Trenet intitulée *Nationale 7*, pleine de joie et de fantaisie...

Les routes Départementales sont marquées D, comme la D10 que prennent nos amis. Il y a aussi les routes Communales qui dépendent des communes et sont marquées C.

La vitesse maximale est de 130 Km/h sur les autoroutes ; de 90 à 110 Km/h sur les autres routes, sauf indications contraires. Si le temps est mauvais, la vitesse est réduite.

Dans ce carrefour, la signalisation indique:
- une direction autoroutière ;
- des directions routières dont l'une est interdite aux camions de 10 tonnes.

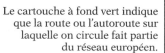

Le cartouche à fond vert indique que la route ou l'autoroute sur laquelle on circule fait partie du réseau européen.

3. LES SENTIERS DE GRANDE RANDONNÉE

Ce sont des sentiers balisés (*marked trails*) qui traversent des régions entières et permettent de faire de longues randonnées pouvant prendre plusieurs jours. On y trouve souvent des refuges (*shelters*) en certains endroits où on peut passer la nuit. Le GR9 par exemple sillonne toute la région, du Mont Ventoux au nord à la Méditerranée au sud.

Il y a également un peu partout de très nombreux SENTIERS DE PETITE RANDONNÉE qui correspondent à des randonnées plus courtes (moins de 48 heures).

C. MOTS CROISÉS

HORIZONTALEMENT

1. Une plaisanterie.
2. Un lieu de culte.
3. Un endroit avec du sable ou des rochers au bord de la mer.
4. Un repas qu'on prend à l'extérieur, parfois par terre.
5. Qui fait peur.

VERTICALEMENT

6. Plus grand qu'un village.
7. Ce qu'on voit.
8. Une longue promenade (souvent à la montagne).
9. On peut y voir des tableaux, des sculptures.
10. Partie d'un monastère.
11. Un très petit chemin.

CHAPITRE 12

À pied ou à cheval...

Quand Isabelle, contrairement aux conseils de Rachid, a enlevé ses chaussures, elle avait des ampoules partout. Il était évident qu'elle n'allait pas pouvoir continuer.

ampoule (*f.*) *blister*

5　ISABELLE:　Allez-y sans moi, vous pouvez me reprendre au retour, je suis sûre que ça va aller mieux dans quelques heures.

LUC:　Mais on ne va pas repasser par ici !

RACHID:　On peut repasser ; au lieu d'aller à
10　Puyloubier, on revient sur nos pas et on prend le car sur la D17.

JENNY:　Écoute, on peut te porter !

ISABELLE:　Vous êtes fous ? Allez, partez ! je vous attends.

15　À contrecœur les trois amis encore valides ont donc repris leur escalade. Deux heures plus tard ils admiraient, le cœur un peu gros, le célèbre panorama immortalisé par Cézanne◆, la Vallée de la Durance, cette jolie rivière qui traverse toute la région, et les
20　montagnes du Lubéron. Ils avaient hâte de retrouver Isabelle et ils ont vite repris le chemin du retour. La descente était plus rapide et vers 16 heures ils étaient à l'endroit exact où ils avaient laissé leur amie. Mais, Isabelle, elle, n'y était pas.

à contrecœur *reluctantly*
escalade (*f.*) *climb*
le cœur gros *with a heavy heart*

avoir hâte *to be anxious*

25　JENNY (criant):　ISABELLE ! ISABELLE !

RACHID:　Où est-elle partie ?

LUC: Elle cherche peut-être des framboises ou des myrtilles.

RACHID: ISABELLE ! ISABELLE !

30 JENNY: Et s'il lui était arrivé quelque chose ?

LUC: Mais non, il y a longtemps qu'il n'y a plus de bandits dans nos montagnes !

RACHID, LUC, JENNY (ensemble): ISABELLE, Où es-tu ?

À ce moment Jenny remarque une tache jaune sur
35 le bord du chemin.

JENNY: Regardez, son écharpe jaune !

Les trois amis se regardent, inquiets et voient qu'elle est maintenue au sol à l'aide de deux pierres.

RACHID: Il y a un papier attaché à l'écharpe !

40 JENNY: C'est une feuille de son calepin, elle a été enlevée, c'est sûr !   le calepin *small notebook*

Luc a pris le papier et lit :

« Rendez-vous en bas du chemin qui est à votre droite. Bisous. Isabelle »

le bisous (*fam.*) *kiss*

Tous sont stupéfaits !

RACHID: C'est la suite du GR 9, le sentier normal
45   pour aller à la route.

JENNY: Comment a-t-elle fait pour marcher ?

LUC: Et bien, allons-y, on va bien voir !

La descente est rapide et, plus ils approchent du bas
de la montagne, plus ils croient entendre des bruits,
50   des bruits de voix, leur semble-t-il.

JENNY: Je reconnais la voix d'Isabelle.

LUC: Elle n'est pas seule.

JENNY: Elle a été enlevée, c'est certain, elle est avec
ses ravisseurs ! Elle est sans doute attachée, peut-être   le ravisseur
55   torturée... Pauvre Isabelle !   *kidnapper*

RACHID: On arrive, ne faites pas de bruit.

Mais c'est avec surprise qu'en arrivant au bout du
sentier ils se sont trouvés nez à nez avec une Isabelle
en pleine forme, assise par terre, riant et plaisantant   en pleine forme *in*
60   avec un groupe de cavaliers pendant que quatre   *great shape*
chevaux mangeaient avec un plaisir évident les petites   cavalier (-ière)
fleurs bleues qui poussaient sous les arbres.   *horseback rider*

JENNY: Isabelle ! Tu vas bien ?

ISABELLE: Ah, vous voilà ! Venez, je vais vous présen-
65   ter à mes nouveaux amis !

LUC: Comment es-tu descendue de là-haut ? Tu peux
marcher ?

ISABELLE: Je suis descendue à cheval ! Voilà mon
sauveur, Benoît, je vous présente mes amis Jenny,   le sauveur *savior*
70   Luc et Rachid. Voilà Benoît, sa femme Martine et
leurs amis Alain et Nicole.

Benoît et ses amis avaient proposé à Isabelle de
descendre de la montagne et de passer un moment
avec eux ; ils devaient rentrer à Aix et voulaient que les
75   chevaux se reposent.

RACHID: Vous avez mis Isabelle derrière vous, sur votre cheval ?

BENOÎT: Oui, rien de plus simple.

RACHID: Et vous pouvez tous transporter quelqu'un
80   derrière vous ?

BENOÎT: Bien sûr !

RACHID: Mais alors, mais alors, vous pouvez nous emmener à Aix ?

JENNY: Quelle idée géniale ! Je ne connais pas la ville,
85   je voulais y aller !

ISABELLE: Figure-toi, ma chère Jenny, que j'en avais
déjà parlé avec Benoît, ils sont tous d'accord.

figure-toi *imagine*
(=in fact)

BENOÎT: Alors, allons-y, en selle !

la selle *saddle*
(=let's go !)

C'est ainsi que, vers 18 heures, nos quatre amis sont
90   entrés dans Aix-en-Provence, chacun derrière son
cavalier, ou sa cavalière, jusqu'au Cours Mirabeau où
leur entrée a été fort remarquée.

QUESTIONS

A. Complétez les phrases suivantes avec la proposition ou le mot qui convient.

1. Isabelle ne peut pas continuer car
   a) elle a enlevé ses chaussures.
   b) elle veut plaire à Rachid.
   c) elle a mal aux pieds.

2. Elle propose à ses amis
   a) de continuer sans elle.
   b) d'aller à Puyloubier.
   c) de la porter.

3. Pour arriver en haut de la montagne les deux garçons et Jenny ont mis
   a) seize heures.
   b) quatre heures.
   c) deux heures. ✓

4. Quand ils sont descendus, Isabelle
   a) criait.
   b) avait disparu. ✓
   c) mangeait des fruits.

5. Quand Jenny voit l'écharpe jaune de son amie elle est
   a) inquiète. ✓
   b) soulagée.
   c) contente.

6. En réalité Isabelle a été
   a) aidée. ✓
   b) enlevée. ✓
   c) torturée.

7. Isabelle est descendue de la montagne
   a) à pied.
   b) à cheval. ✓
   c) sur le dos de Benoît.

8. Nos amis vont en profiter pour
   a) faire de l'équitation.
   b) visiter Aix-en-Provence. ✓
   c) suivre un cours.

B. Trouvez le ou les mots qui veulent dire : (dans l'ordre du texte)

1. une suggestion *conseils*
2. refaire le même chemin *repasser*
3. contre son désir *contre cœur*
4. être triste *le cœur un peu gros*
5. être pressé *avoir hâte*
6. venir près de... *approcher*
7. très étonné *surprise*
8. juste en face de quelqu'un *nez à nez*
9. en bonne santé *pleine forme*
10. quelqu'un qui monte à cheval *cavaliers*

◆ Culture

1. PAUL CÉZANNE (1839–1906) ET LES IMPRESSIONNISTES.

« Le père de la peinture moderne » Justifiez en cherchant sur Internet ou dans l'encyclopédie.

Il est né et mort à Aix-en-Provence. Comme ses amis impressionnistes, il a beaucoup peint en plein air ; il allait à pied aux sites où il aimait peindre portant son chevalet (*easel*) et sa boîte à peinture. Il a représenté les vibrations de la lumière et de la couleur. Il s'est ensuite attaché à peindre la profondeur des paysages basée sur une géométrie de triangles et de cônes et un jeu de couleurs privilégiées.

2. MONTAGNE SAINTE-VICTOIRE

Trouvez aussi des détails sur la Montagne Sainte Victoire et la série d'une soixantaine de peintures et dessins de cette montagne que Cézanne réalisa au cours de sa vie. Cette montagne présente au sud une façade abrupte en calcaire (*limestone*) blanc qui contraste avec l'argile (*clay*) rouge à la base de la montagne.

CHAPITRE 13

Aix-en-Provence

C'était en effet très spectaculaire, cette entrée dans Aix-en-Provence avec quatre chevaux, deux personnes sur chaque cheval ! Il était à peu près 18 heures et les promeneurs allaient et venaient sur le
5 Cours Mirabeau◆ où, comme chaque soir, surtout en été, les cafés étaient noirs de monde.

BENOÎT: On va attacher les chevaux Place des Quatre Dauphins ; je vous invite à prendre quelque chose au café Les Deux Garçons.

10   Les Deux Garçons est le café le plus célèbre du Cours Mirabeau, une grande avenue bordée de platanes et où s'alignent, sur un côté, de nombreux cafés et restaurants. Sur l'autre côté s'élèvent de beaux hôtels particuliers du 17e siècle.   *le platane plane tree*

15 JENNY: Que c'est beau ! J'adore cette ville, cette avenue et regardez ces fontaines ; comme elles sont drôles !

ISABELLE: C'est vrai, je n'ai jamais vu de fontaines comme ça ; elles sont couvertes de mousse !   *la mousse moss*

20 BENOÎT: Oui, on les appelle « les moussues », c'est un des éléments célèbres d'Aix !

JENNY: Et tous ces cafés, et ces gens ! C'est merveilleux.

MARTINE: C'est la distraction préférée des Aixois et
25   des touristes : les gens assis aux cafés regardent passer les promeneurs, les gens qui se promènent regardent les consommateurs assis aux cafés !

La fontaine des Quatre Dauphins était charmante et nos jeunes amis n'ont pas pu résister à la tentation de
30 s'asperger d'eau fraîche. Mais, une fois descendue de cheval, Isabelle s'était rendu compte qu'elle ne pouvait pas marcher ! Heureusement les deux garçons s'étaient proposés pour lui servir de canne et, clopin-clopant, tout le monde est arrivé au café où par miracle ils ont
35 pu trouver de la place.

asperger to spinkle

clopin-clopant hobbling along

En dégustant leur Perrier-citron, nos amis ont fait plus ample connaissance. Benoît et Martine habitaient à Aix, Route d'Eguilles, à 3 kilomètres à peu près, alors qu'Alain et Nicole habitaient en
40 Camargue.

déguster to sip, to drink slowly

LUC: Mais qu'est-ce que vous faites à cheval ?

MARTINE: Aujourd'hui, seulement une balade dans la Montagne Sainte-Victoire, mais, demain nous partons pour deux semaines.

la balade stroll, short ride

45 ISABELLE: À cheval ?

ALAIN: Absolument, dans toute la Provence !

RACHID: C'est génial, mais vous êtes d'excellents cavaliers, alors !

BENOÎT: Nous, ça va à peu près, mais Alain et Nicole,
50 ce sont des experts !

ISABELLE: C'est vrai, la Camargue, c'est un endroit plein de chevaux ? C'est ça ?

JENNY: C'est où ? C'est loin ?

ALAIN: En fait, c'est l'embouchure du Rhône.

embouchure (f.) mouth of river

55 JENNY: Et il y a des fermes ?

NICOLE: Chez nous, ce sont des « mas » (en prononçant le « s »), mais oui, des fermes, et des chevaux, il y a même encore des chevaux sauvages !

BENOÎT: Et Alain, c'est le petit-fils d'un homme
60 célèbre, Antonin.

MARTINE: Ils sont trop jeunes pour en avoir entendu parler.

Luc: Attendez, j'ai vu le film à la télé, un vieux film;
Antonin et Ulysse ? C'est ça ?

65 Alain: C'est vrai, le film est sorti en 1970 !

Isabelle: Qu'est-ce que c'est que cette histoire ? Allez,
racontez-la !

Benoît: Vous savez l'heure ? Vous ne devez pas rentrer à Marseille ? Personne ne vous attend ?

70 Rachid: Ben, si... Maman...

Martine: Écoutez, vous pouvez dormir chez nous, si
vous les garçons, vous voulez bien coucher dans le
grenier aménagé et les filles dans une petite chambre en bas ! On a de la place.

le grenier aménagé
loft

75 Benoît: Téléphonez à votre maman.

Isabelle: Mais...

Nicole: Allez, ne faites pas de manières, c'est vrai, il
y a de la place chez eux... Et ce soir, on vous racon-
tera l'histoire du grand-père d'Alain !

faire des manières
to be coy, to
pretend to
hesitate

80 Décidemment l'aventure continuait. Après avoir
parlé avec Benoît, la mère de Rachid avait accepté.
Tout le monde était remonté à cheval et ils étaient
maintenant confortablement installés sur une terrasse
couverte de vigne, après avoir mangé de merveilleux
macaronis à la provençale et Alain avait commencé
85 son histoire.

QUESTIONS

A. Répondez aux questions avec une phrase complète.

1. Pourquoi est-ce que leur entrée dans la ville était spectaculaire ?

2. À Aix-en Provence, que font les gens vers six heures du soir ?

3. Qu'est-ce que c'est que « Les Deux Garçons » ?

4. Pourquoi Isabelle a-t-elle besoin d'aide pour marcher ?

5. Les quatre personnes qu'ils viennent de rencontrer vivent-ils tous à Aix-en-Provence ?

6. Comment leurs nouveaux amis passent-ils leurs vacances ?

7. Pourquoi Alain et Nicole connaissent-ils si bien les chevaux ?

8. Qui est Antonin ?

9. Qu'est-ce que Martine propose à nos quatre amis ?

10. Pourquoi ont-ils téléphoné à la maman de Rachid ?

B. DÉFINITIONS. Trouvez, dans la colonne de droite la définition ·qui convient aux mots ou noms de la colonne de gauche.

a. Une école d'équitation

b. Une avenue bordée d'arbres

c. Les grands-parents d'Alain

1. Cours Mirabeau ___B___   d. On y trouve un aquarium.

2. Place des Quatre Dauphins ___g___   e. Une ferme

f. Un bateau à voile

3. La Camargue. ___H___   g. On y trouve une fontaine.

4. Un mas ___e___   h. On y trouve beaucoup de chevaux.

5. Antonin et Ulysse ___i___

i. Un vieux film

j. Une rivière

CULTURE

1. AIX-EN-PROVENCE

C'est une très vieille ville qui fut fondée par les Romains près d'une source thermale qui a lui donné son nom (*Aquae Sextiae*). Un général romain la sauva des Barbares en une bataille célèbre ; le nom du général, Marius, est devenu très populaire en Provence. La ville a prospéré. Elle possède de vieux et beaux quartiers.

Le **Cours Mirabeau** a été construit sur les anciens remparts. Les belles maisons qui le bordent datent du 17e siècle. C'est le centre animé de la ville.

Les rues sont souvent construites à angle droit pour éviter les effets du **mistral**, un vent froid qui souffle en ouragan des Alpes vers le Sud.

À VOUS

Chercher d'autres renseignements sur Aix-en-Provence sur Internet ou dans une encyclopédie.

2. LA PROVENCE

La Provence est une des anciennes provinces de la France.

D'un point de vue administratif la France est divisée en régions depuis 1982, chaque région ayant sa capitale. Aix se trouve dans la région de Provence-Alpes-Côte d'Azur, dont la capitale est Marseille.

LES PROVINCES

LES RÉGIONS

À VOUS

Cherchez la province et la région où se passe cette histoire. Quelles différences y-a-t-il entre les deux ?

3. VACANCES ORIGINALES

Les nouveaux amis de nos héros passent leurs vacances à cheval. C'est assez rare.

Pouvez-vous demander à vos amis, parents, ou professeurs, s'ils ont jamais passé des vacances originales ? Et vous-même ? Cela vous est-il arrivé ? Racontez ensuite à la classe.

CHAPITRE 14

L'Histoire d'Antonin

ALAIN: Alors, voilà, mon grand-père s'est installé en
Camargue, il y a bien 60 ans, dans des circonstances un peu particulières. Il travaillait dans une
ferme du village de Saint Pantaléon, près de
5   Gordes.

JENNY: C'est loin d'ici ?

BENOÎT: Pas très loin, une cinquantaine de kilomètres.

ALAIN: Dans cette ferme il y avait un cheval de
10   course qu'il aimait beaucoup, Ulysse. C'était un
cheval gris, magnifique. Il avait fière allure et il ga-
gnait presque toutes les courses. Un jour, pendant
une course, il a été blessé à la jambe.

*avoir fière allure to
cut a fine figure*

ISABELLE: Pauvre bête!

15 ALAIN: Par la suite il a été guéri mais il ne pouvait
plus courir. Il est donc devenu cheval de ferme et
c'est mon grand-père qui s'en occupait.

JENNY: Qu'est-ce qu'il faisait à la ferme, le cheval ?

MARTINE: Il faut bien comprendre qu'à cette époque
20   il n'y avait pas de tracteurs ! Il tirait la charrue.

> la charrue *plough*

ISABELLE: C'était dur comme travail sans doute !

ALAIN: Bien sûr, pour mon grand-père aussi c'était
dur. Toujours est-il qu'ils ont vécu, comme ça, pendant 25 ans, mon grand-père et le cheval.

25   RACHID: Antonin et Ulysse...

ALAIN: Exact. Et mon grand-père l'aimait de plus en
plus, c'était lui qui l'avait soigné quand il avait été
blessé et ils étaient ensemble toute la journée !

NICOLE: Et la nuit ! Antonin avait sa chambre au-
30   dessus de l'écurie !

> écurie (*f.*) *stable*

ALAIN: Alors, forcément, mon grand-père lui parlait,
comme à une véritable personne...

> forcément
> *inevitably*

ISABELLE: C'est normal! Beaucoup de gens parlent à
leur chien !

35   LUC: Moi, j'ai un chat, je lui parle tout le temps...

ALAIN: Un jour, après 25 ans, le patron de la ferme a
décidé qu'Ulysse était trop vieux pour travailler à la
ferme. Il se fatiguait vite, il ne pouvait plus porter de
sacs trop lourds. Il a donc décidé de le vendre.

40   ISABELLE: Oh, je comprends, ton pauvre grand-père !

ALAIN: Bien sûr, mais le pire c'est qu'il l'a vendu à un
picador d'Arles.

RACHID: Pour aller dans l'arène ?

ALAIN: Exactement! Pour être éventré par un taureau !

> éventrer *to*
> *disenbowel*

45   JENNY: Quelle horreur ! Comment cela « éventré » ?

MARTINE: Et bien, c'est simple, dans les corridas on
met un taureau dans l'arène et le picador, à cheval,
avec une pique, une sorte de lance, l'excite, le fatigue
et, finalement, c'est le toréador qui le tue.

50   ISABELLE: Mais cela n'existe plus ! Maintenant, on ne
tue plus les taureaux !

BENOÎT: Hélas, si !

ISABELLE: Quelle horreur ! Je ne veux jamais voir ça !

JENNY: Moi non plus ! Alors, qu'est-ce qui s'est passé ?

55 ALAIN: Et bien, le patron a demandé à mon grand-père de conduire le cheval, lui-même, à Arles.

RACHID: C'est du pur sadisme!

ALAIN: Bien sûr... Mais, à cette époque, les gens n'étaient pas sentimentaux. Personne ne comprenait
60   l'attachement de mon grand-père pour Ulysse !

LUC: Alors, dans le film que j'ai vu à la télé, ton grand-père, c'était Fernandel ?

ALAIN: Exactement !

JENNY: Mais pourquoi est-ce qu'ils ont fait un film de
65   cette histoire ?

ALAIN: Je ne sais pas, sans doute parce que c'est une belle histoire...

ISABELLE: Arrêtez d'interrompre ! Continue Alain, s'il te plaît !

70 ALAIN: Mon grand-père est donc parti, à pied, avec Ulysse, dans la direction d'Arles. Mais il avait décidé de bifurquer avant d'arriver à Arles et de l'emmener en Camargue, pour le laisser avec les autres chevaux... , les chevaux sauvages...

> bifurquer *to branch off*

JENNY: Et alors, il a réussi ?

ALAIN: Attends, c'est compliqué, tu vas voir.

QUESTIONS

A. VRAI OU FAUX? Si la phrase a une erreur, corrigez-la !

1. Le grand-père d'Alain habitait une grande ville.

2. Ulysse était un cheval de course.

3. Le cheval a travaillé à la ferme parce qu'il était devenu vieux.

4. Antonin n'aimait pas son cheval.

5. Le grand-père d'Alain dormait avec son cheval.

6. Le patron d'Ulysse a décidé de vendre son cheval parce qu'il était malade.

7. Il l'a vendu à un boucher.

8. Dans une corrida on tue les taureaux virtuellement.

9. Antonin était heureux de conduire Ulysse à Arles.

10. En réalité Antonin voulait donner sa liberté à Ulysse.

B. JEU INTERACTIF : AU THÉÂTRE

Distribuer les rôles (Alain, Benoît, Rachid, Luc / Martine, Nicole, Isabelle, Jenny). Jouez de mémoire ou lisez le dialogue de ce chapitre comme si vous étiez sur la scène.

CULTURE

LA CORRIDA (ou course de taureaux)

Recherchez sur Internet ou une encyclopédie la différence entre les corridas en Espagne et en France. Et au Mexique ? Expliquez à la classe.

Préparez un débat : *Pour ou contre les corridas.*

CHAPITRE 15

Ulysse et Antonin
(suite et fin)

ALAIN: Le voyage était long et la route difficile, ils ont traversé le Lubéron, et les Alpilles ; les cailloux faisaient mal aux pieds de l'homme et du cheval. Ils étaient presque arrivés quand, sur une petite route,
5 ils ont rencontré le fils de Petit-Jean, le picador qui avait acheté Ulysse. Dans son camion, il transportait deux autres vieux chevaux qu'il venait d'acheter pour aller dans l'arène. Alors, bien sûr, il a mis Ulysse dans le camion, avec les autres !

10 ISABELLE: Alors, ton grand-père, qu'est-ce qu'il a fait ?

ALAIN: D'abord, il a été découragé, il a pensé ne jamais revoir son cheval et, le pire, il ne lui avait pas dit adieu. Mais une voiture est arrivée et il a fait du stop jusqu'à Arles. Là-bas il s'est précipité vers
15 l'arène et il a trouvé Petit-Jean et... Ulysse.

JENNY: Dans l'arène ? Avec le taureau ?

ALAIN: Non, heureusement, le pauvre vieux cheval était trop fatigué pour travailler ce jour-là !

Alors, d'abord, mon grand-père a regardé la corrida
20 et puis, quand il a vu le taureau charger contre le flanc   le flanc *flank, side*
d'un des chevaux, il s'est mis à courir, il a pris la laisse   la laisse *leash*
d'Ulysse et, sans réfléchir, il est parti avec le cheval. Ils marchaient vite, ils ont traversé la Crau, de vastes plaines remplies de cailloux encore plus gros ; ils ont
25 essuyé un orage terrible et, finalement, ils sont arrivés   essuyer *to wipe,*
en Camargue.   *endure (here)*

98

ISABELLE: C'est formidable !

ALAIN: Hélàs, à ce moment-là, Ulysse s'est effondré.

> s'effondrer *to collapse*

LUC: Mort ?

30 ALAIN: Non, pas tout à fait. Il était épuisé, il avait trop marché, trop vite. Impossible de le relever. Mon grand-père s'est couché tout contre lui, il lui parlait, il lui disait de ne pas mourir. Ils ont passé la nuit, comme ça, et, au petit matin, quand mon 35 grand-père s'est réveillé...

> épuisé *exhausted*

Mais Alain a dû s'arrêter, Jenny et Isabelle venaient d'éclater en sanglots. Rachid et Luc, eux, avaient les larmes aux yeux mais ils essayaient de se retenir... Les autres regardaient la scène en souriant.

40 ALAIN: Au petit matin, donc, quand mon grand-père s'est réveillé, Ulysse a soudain bougé la tête et, d'un coup s'est remis debout sur ses pattes.

JENNY (riant au milieu de ses larmes):   Hourra !

ISABELLE: Qu'est-ce que j'ai eu peur !

45 RACHID: Et après ?

ALAIN: Et bien mon grand-père a trouvé une horde de chevaux sauvages, il a ôté le collier du cou de son cheval et il lui a dit de rejoindre les autres.

> la horde *horde, group*
> ôter *to remove*
> le collier *collar*

JENNY: Mais c'est quand même triste ton histoire !

50 MARTINE: Pas vraiment, Ulysse était libre.

NICOLE: Et vivant.

ISABELLE: Et ton grand-père ne l'a jamais revu ?

ALAIN: Si, il allait parfois dans le fin fond de la Camargue retrouver la horde et Ulysse venait, avec 55 un hennissement, lui dire bonjour. Il le reconnaissait toujours !

> le fin fond *deep into*
> le hennissement *neigh*

JENNY: Quelle belle histoire !

LUC: Je comprends pourquoi ils en ont fait un film !

RACHID: Et c'est pour cela que ton grand-père s'est 60 installé en Camargue ?

ALAIN: Vous savez tout. Il a rencontré ma grand-mère, ils se sont mariés, ils ont travaillé dans le mas de mon arrière-grand-père maternel, et voilà...

ISABELLE: J'ai une envie folle d'aller en Camargue.
65 Qu'est-ce que tu en dis, Jenny ?

JENNY: Mais bien sûr, il y a sans doute des Auberges de Jeunesse. La plus grande ville s'appelle comment ?

MARTINE: Pas question, vous resterez avec nous, mais pas maintenant, dans quinze jours quand nous
70 serons revenus !

QUESTIONS

A. Complétez les phrases avec la proposition ou le mot qui convient.

1. Antonin et Ulysse avaient mal aux pieds parce que

   a) il y avait des cailloux.

   b) la route était longue.

   c) ils étaient dans le Lubéron.

2. Leur rencontre avec le fils de Petit-Jean était

   a) une chance.

   b) une catastrophe.

   c) une bonne chose.

3. Ce jour-là Ulysse n'a pas travaillé dans l'arène parce que

   a) Petit-Jean était furieux.

   b) Ulysse s'est mis à courir.

   c) Le cheval était trop fatigué.

4. Antonin a

   a) volé le cheval.

   b) prêté le cheval.

   c) emprunté le cheval.

5. Cette nuit-là Ulysse
   a) est mort.
   b) a été blessé.
   c) est presque mort.

6. Cette histoire est si triste que Jenny et Isabelle ont commencé à
   a) rire.
   b) pleurer.
   c) sourire.

7. Ulysse a terminé sa vie
   a) libre.
   b) à la ferme.
   c) dans l'arène.

8. Quand Antonin venait le voir il était heureux car Ulysse
   a) courait vite.
   b) ne l'avait pas oublié.
   c) hennissait.

9. Ils ont fait un film de cette histoire car elle est
   a) vraie.
   b) fausse.
   c) touchante.

B. Chassez l'intrus. Trouvez le mot qui ne convient pas.

1. corrida	picador	taureau	mas
2. camion	voiture	cheval	tracteur
3. soigné	blessé	cailloux	tombé
4. course	horde	Camargue	chevaux sauvages
5. ferme	mas	auberge	arène
6. épuisé	fatigué	malade	en pleine forme
7. cou	pattes	arène	tête

CULTURE

HEUREUX QUI COMME ULYSSE

C'est le titre du film qui a été réalisé en Provence et en Camargue par Henri Colpi en 1969 sur l'histoire d'Antonin et d'Ulysse, le brave cheval. Le scénario est de Henri Colpi et André Var; la musique de Georges Delerue. Le film est sorti à Marseille en janvier 1970, et à Paris en juillet 1970. Le personnage d'Antonin est joué par Fernandel qui fait parfaitement ressentir la poignante (*very moving*) amitié entre l'homme et le cheval ; le film est plein de tendresse et d'humour, les paysages provençaux sont magnifiques.

C'est Georges Brassens qui interprète la chanson titre à la fin du film, dont voilà les paroles écrites par Henri Colpi. (Les deux premières lignes répètent le début d'un poème français très célèbre écrit par Joachim du Bellay en 1558. Ulysse, dans ce poème, est le héros mythologique grec à qui il a fallu de nombreuses années pour rentrer de la guerre de Troie chez lui à Ithaque)

Heureux qui, comme Ulysse,
A fait un beau voyage
Heureux qui comme Ulysse
A vu cent paysages
Et puis a retrouvé
Après maintes traversées
Le pays des vertes années

Par un petit matin d'été
Quand le soleil vous chante au cœur
Qu'elle est belle la liberté,
La liberté

Quand on est mieux ici qu'ailleurs
Quand un ami fait le bonheur
Qu'elle est belle la liberté,
La liberté

Avec le soleil et le vent
Avec la pluie et le beau temps
On vivait bien contents

Mon cheval, ma Provence et moi
Mon cheval, ma Provence et moi

. . . .

. . . .

Quand c'en est fini de malheurs
Quand un ami sèche vos pleurs
Qu'elle est belle la liberté,
La liberté

Battus de soleil et de vent
Perdus au milieu des étangs
On vivra bien contents
Mon cheval, ma Camargue et moi
Mon cheval, ma Camargue et moi

Voir *heureux qui comme ulysse.com* sur Internet pour de plus amples détails sur le film.

CHAPITRE 16

Au café
Les deux garçons

Quand ils se sont réveillés, le lendemain matin, rien ne pressait. Benoît, Martine, Alain et Nicole préparaient leur voyage. Des vacances à cheval, ce n'est pas commun ! Ni Jenny ni Isabelle n'avaient vu
5 une chose pareille. Il fallait mettre tous les vêtements dans les sacoches qui allaient sur le dos des chevaux.

rien ne pressait
there was no hurry

la sacoche *bag*

JENNY: Heureusement qu'il fait chaud en Provence l'été, vous n'avez pas besoin de beaucoup de vêtements !

10 MARTINE: C'est vrai, mais de toutes façons, nous avons l'habitude de voyager léger !

ISABELLE: Ce n'est pas comme moi, tu te souviens, Jenny, l'été dernier, quand vous êtes venus me chercher à l'aéroport de Chicago ?

15 JENNY: Et comment ! On pouvait à peine soulever ta valise !

soulever *to lift*

Une heure plus tôt, Rachid, qui avait son permis de conduire, avait emprunté la voiture de Benoît pour aller à Marseille chercher des affaires. Luc l'accom-
20 pagnait car il voulait, lui aussi, profiter de l'invitation de Benoît et de Martine : nos quatre amis allaient rester à Aix-en-Provence pendant quelques jours avec les parents de Martine qui vivaient au rez-de-chaussée ; le grand-père était paralysé mais toujours
25 de bonne humeur. La grand-mère faisait très bien la cuisine !

C'était amusant de dire adieu à leurs nouveaux amis et de les voir s'éloigner sur leurs montures respectives.

la monture *mount*

30 JENNY: Au revoir ! A bientôt, en Camargue !

ISABELLE: Aix-en-Provence, à nous deux !

LUC: Tu veux dire « à nous quatre ! »

JENNY: Mais vous, les garçons, vous connaissez sans doute.

35 RACHID: Oh, tu sais, pas vraiment, j'y suis passé, c'est tout.

LUC: Moi aussi. Avec vous, on va vraiment visiter la ville.

Benoît et Martine étaient incroyablement généreux.
40 Les grands-parents étaient gentils et adorables et, en plus de la maison, la voiture était à la disposition des jeunes gens ; il est vrai que le grand-père ne conduisait plus...

ISABELLE: J'ai encore un peu mal aux pieds, si on fai-
45 sait un tour en voiture aujourd'hui ?

RACHID: Pourquoi pas, on peut voir les environs.

LUC: On peut faire le tour de la Sainte-Victoire ?
Après tout, hier on y a marché, aujourd'hui on peut la contourner. Non ?

contourner *to go around*

50 JENNY.   Excellente idée, et c'est moins fatigant.

ISABELLE: Mes pieds sont complètement d'accord avec ce projet.

Dans la maison il y avait une carte détaillée de la région et le Guide Michelin Vert qui indiquait tout ce
55 qu'il y avait à voir en contournant la montagne rendue célèbre par Cézanne. Le grand-père était heureux de leur expliquer tout ce qu'il y avait d'intéressant dans la région.

LE GRAND-PÈRE: Voilà ce que vous devez faire : le cir-
60 cuit Cézanne◆. Vous pouvez voir tous les sites qui

l'ont inspiré et qu'on retrouve dans ses tableaux et tous les endroits où il est allé peindre. Il marchait beaucoup, Cézanne…

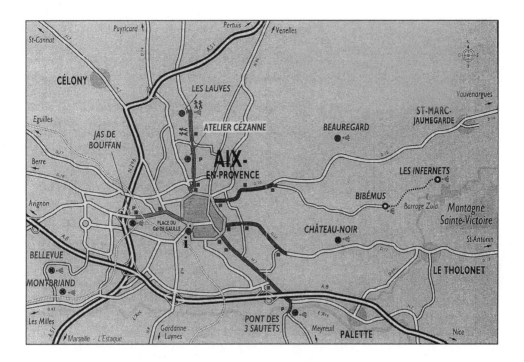

Ils ont donc vu, tout d'abord, la propriété familiale du Jas de Bouffan, entourée d'un parc, où il a peint 41 toiles, puis ils ont pris une petite route qui débouchait sur la Montagne Sainte-Victoire. Sur la gauche ils ont vu le « Château Noir » où Cézanne avait loué un appartement pour mieux se rapprocher des paysages qu'il voulait peindre, et les carrières de Bibémus. Ensuite le Château du Tholonet et de la route de Beaurecueil, une vue sur la campagne, pleine des couleurs de Cézanne. Trois kilomètres plus loin les paysages grandioses de Saint-Antonin, puis ils sont revenus vers le vieux pont des Trois Sautets et le village de Gardanne où il a vécu quinze mois et qu'il a peint, pour la première fois, dans la manière cubiste. Ils virent ensuite « Les Lauves » et leur panorama sur la montagne Sainte-Victoire, et enfin l'Atelier qu'il fit construire et son jardin semblable à celui où il se promenait.

déboucher sur *to lead to*

Ils étaient de retour à Aix après trois heures pendant lesquelles, chacun à tour de rôle (sauf Rachid qui conduisait) avait lu en détail tout ce que le guide indi-
85 quait sur ce peintre qu'ils avaient maintenant l'impression de connaître personnellement.

ISABELLE: Et si, avant de retourner dîner à la maison, on faisait comme les Aixois maintenant ?

90 LUC: Tu veux dire, aller prendre un verre au *Deux Garçons*◆ ?

JENNY: Quelle idée géniale !

LUC: À quelle heure les grands-parents nous attendent-ils ?

95 ISABELLE: La grand-mère a dit que le dîner serait prêt pour 21 heures, on a le temps.

RACHID: Et, au café, on peut faire mon jeu.

ISABELLE: Ton jeu ? Qu'est-ce que c'est ?

RACHID: Ah, ah, vous allez voir.
100

Lorsque, un quart d'heure plus tard, nos quatre amis étaient installés devant leur Perrier-citron (décidemment ça devenait une habitude !) ils ont vite compris en quoi consistait le « jeu » de Rachid.
105

Il fallait deviner la nationalité et la profession des promeneurs qui passaient Cours Mirabeau. Bien sûr, il n'y avait aucun moyen de vérifier et donc il fallait donner des arguments ou, du moins, parler d'un ton catégorique !
110

Pendant une heure, donc, leurs voisins de table ont dû être surpris d'entendre fuser des mots apparemment sans liens les uns avec les autres tels que: américain—dentiste—français—professeur—anglaise—actrice —, le tout dans un silence concentré, percé, de temps à autre, d'éclats de rire étouffés.

QUESTIONS

A. Répondez avec une phrase complète.

1. Comment Benoît, Alain, Nicole et Martine vont-ils voyager ?

2. Donnez deux raisons pour expliquer qu'ils n'emportent pas beaucoup de vêtements.

3. Pourquoi Rachid et Luc sont-ils retournés à Marseille ?

4. Donnez deux exemples de la générosité de Martine et de Benoît.

5. Pourquoi le grand-père n'avait-il plus besoin de la voiture ?

6. En quoi leur visite de la montagne SainteVictoire va-t-elle être différente de celle de la veille ?

7. Qu'est-ce que c'est que le circuit Cézanne ?

8. Combien de temps a duré leur promenade ?

9. Que vont-ils faire le soir, avant de rentrer au mas ?

10. Expliquez le « jeu » de Rachid.

B. Complétez les groupes de mots avec l'élément pris dans la colonne de droite qui convient.

1. une carte	_9_	a. fois	9
2. prendre	_7_	b. aux pieds	7
3. la première	_5_	c. de la région	1
4. des éclats	____	d. à autre	9
5. faire un tour	_1._	e. un verre	2
6. le dos	_4_	f. de rire	4
7. avoir mal	_6_	g. des chevaux	6
8. un permis	____	h. en voiture	5
9. de temps	____	i. de conduire	8

◆Culture

1. LE CIRCUIT CÉZANNE

Voir la carte du Circuit Cézanne page 107. Cézanne aimait marcher dans la campagne aixoise, portant son chevalet et sa boîte à peinture, et s'installer là où il aimait la vue. Il a ainsi peint 44 toiles et 43 aquarelles dans lesquelles il a représenté toutes les variations de lumière et d'aspect de la montagne Sainte-Victoire.

MONTAGNE SAINTE VICTOIRE ET CHÂTEAU NOIR - 1904-1906

2. LES CAFÉS EN FRANCE

Les cafés ont toujours été très importants, dans les grandes villes aussi bien que dans les petits villages. C'était souvent le lieu de rencontre de voisins, de collègues, d'amis. Depuis une vingtaine d'années, à cause notamment des nouvelles technologies (télévision, internet, DVD, etc.), les gens vont moins au café.

Il y avait aussi toute une tradition d'écrivains qui, il y a une cinquantaine d'années, écrivaient leurs livres dans les cafés. À Paris, le Café de Flore, les Deux Magots, la Brasserie Lipp sont encore des lieux où se rencontrent les intellectuels mais la plupart des écrivains préfèrent écrire chez eux, sur leur ordinateur. On voit quand même beaucoup de gens qui utilisent leurs ordinateurs portables dans les cafés.

Au printemps, en été, en automne quand il fait encore beau, les terrasses des cafés sont toujours très recherchées (et même en hiver, si elles sont chauffées).

3. SKETCH "LES CROISSANTS"

Lisez le texte de la BD (bande dessinée) ci-dessous.

Choisissez des acteurs pour jouer cette petite scène qui se passe dans un café.

CHAPITRE 17

La pétanque

Pendant quatre jours nos quatre amis ont donc visité Aix-en-Provence. Leur point de départ et de retour était, invariablement, le café des Deux Garçons où ils commençaient à être connus.

5 Bien sûr, les cafés sont chers sur le Cours Mirabeau, et en particulier celui-là... Mais c'était leur seul luxe, presque leur seule dépense. Pour le reste ils mangeaient chez Benoît et Martine, faisant la cuisine avec la grand-mère qui était très heureuse de leur
10 donner ses recettes. Ils faisaient surtout des salades d'ailleurs, les légumes et les fruits de Provence étant magnifiques à voir et à goûter. Ils allaient chaque jour au marché, vers 13 heures et il était bien rare que les marchands ne leur donnent pas une caisse de
15 champignons, d'aubergines ou de tomates pour un prix dérisoire ! Luc était passé maître en aïoli, cette mayonnaise à l'ail, délicieuse avec le poisson ; Jenny était devenue la spécialiste du **Pan Bagnat** : un sandwich d'oignons, de tomates crues, d'olives noires et
20 d'anchois, le tout arrosé d'huile d'olive et de vinaigre.

aubergine (*f.*) *eggplant*
dérisoire *almost nothing*
passer maître *to master*

Le matin, et en fin d'après-midi, ils visitaient tout ce qu'il y avait à voir dans la ville, l'après-midi, après le déjeuner toujours succulent, ils faisaient la sieste sous les amandiers du jardin.

amandier (*m.*) *almond tree*

25 Mais la véritable raison pour laquelle ils n'étaient pas pressés de partir, c'était la partie de pétanque◆ qu'ils avaient pris l'habitude de faire, le soir, vers 18 heures, sur la Place de l'Hôtel de Ville. Tout avait commencé le premier jour, quand Rachid avait trouvé des
30 boules de pétanque dans le garage.

RACHID: Regardez, des boules, on se fait une partie de pétanque ?

ISABELLE: Je n'y ai jamais joué. C'est facile ?

LUC: Hyper-facile, tu vas voir.

35 JENNY: Quand j'étais petite, à Longville, dans le jardin, j'avais des boules en plastique !

RACHID: Attention, il y a des règles très strictes.

Nos quatre amis étaient maintenant dans le jardin, chacun tenait ses deux boules. Rachid lançait le
40 cochonnet.

> le cochonnet *jack*

RACHID: Voilà, tu lances ta boule le plus près possible du cochonnet, la petite boule que je viens de lancer. Ensuite, les autres vont essayer de déloger ta boule pour se mettre à sa place. Vous allez voir.

> déloger *to dislodge, knock away*

45 JENNY: On peut s'avancer ?

LUC: Attention, il faut rester immobile, c'est ça la pétanque, en provençal, ça veut dire: « pieds tanqués », c'est à dire « pieds joints ».

ISABELLE: Bon , j'y vais.

50 Mais Isabelle avait trop de force, sa boule était partie loin, très loin du cochonnet, sous les rosiers du jardin.

RACHID: En souplesse, voyons, regarde.

> en souplesse *lightly*

Et Rachid de « pointer », sa boule s'arrêtant juste à
55 côté du cochonnet.

LUC: Bravo ! À moi, mais je suis sûr de ne pas pouvoir faire mieux.

En effet la boule de Luc était à 20 centimètres du but. C'était maintenant à Jenny de « pointer ». Avec un
60 grand sérieux, après avoir étudié le parcours, Jenny a donc lancé sa boule qui, d'un coup sec, a délogé la boule de Rachid pour prendre sa place.

> pointer *to roll, aim*
> le parcours *course*

RACHID: Incroyable ! Tu as « fait un carreau »
comme on dit ici ! Mais, dis-donc, ce n'est pas la
65   première fois que tu joues !

faire un carreau to dislodge the opponent's ball while taking its place

JENNY: Je vous ai dit que j'avais des boules en plastique quand j'étais petite...

C'est ainsi que Jenny est devenue la championne
du groupe. Mais, jouer seuls dans le jardin, ce n'était
70   pas très drôle. La grand-mère leur avait alors sug-
géré d'aller, chaque jour, à 18 heures, Place de l'Hôtel
de Ville où se retrouvaient les joueurs de pétanque
d'Aix.

LUC: C'est une excellente idée, surtout qu'avec Jenny,
75   nous sommes certains de gagner...

C'est ainsi qu'ils avaient rejoint les joueurs de
pétanque qui se retrouvaient chaque soir, sur la Place
de l'Hôtel de Ville et qu'ils avaient commencé à jouer
avec un groupe d'hommes d'un certain âge, au parler
80   chantant, très heureux de jouer contre des « jeunes »
et, surtout, une Américaine ! Ils devaient donc rester
à Aix encore quelques jours puisque, le samedi soir,
il y avait une compétition qu'ils ne voulaient pas
manquer.

QUESTIONS

A. Expliquez à vos amis en quelques phrases.

1. Reconstituez une journée typique de nos amis à Aix.

2. Expliquez ce qu'ils cuisinaient, avec quels ingrédients ?

3. Expliquez la pétanque et ses règles.

4. Décrivez la scène que vous imaginez, chaque soir, Place de l'Hôtel
de Ville.

B. JEU DE MOTS

Trouvez 12 mots utilisés dans ce chapitre qui ont un rapport avec la nourriture.

A	T	G	N	P	H	O	U	R	S	D	T
F	D	P	Q	L	A	I	A	T	R	D	E
C	H	A	M	P	I	G	N	O	N	S	B
O	U	P	A	R	L	N	T	M	R	A	O
L	I	Z	Y	M	A	O	V	A	D	I	T
I	L	R	O	N	A	N	E	T	P	O	F
V	E	D	N	I	G	S	J	E	E	L	G
E	T	A	N	C	H	O	I	S	A	I	A
S	Z	O	A	U	B	E	R	G	I	N	E
P	R	V	I	N	A	I	G	R	E	I	R
P	O	I	S	S	O	N	O	N	Z	E	E
A	B	Z	E	P	O	R	T	N	E	I	A

CULTURE

1. LA PÉTANQUE : RÈGLES DU JEU

<u>Le terrain</u>

Vous devez choisir un terrain, plat de préférence, de 3 ou 4 mètres de large et d'une douzaine de mètres de long.

<u>Combien de joueurs ?</u>

On peut jouer en « tête à tête » seul contre un adversaire (on a 3 boules chacun) ou par équipe de deux « en doublettes » - (on a 3 boules chacun) ou de trois « en triplettes » (on a 2 boules chacun), ou de quatre « en quadrettes ». avec également deux boules chacun. Les boules métalliques mesurent 8 à 9 centimètres de diamètre et pèsent environ 700 grammes.

<u>Comment joue-t-on</u> ?

Vous devez lancer une boule le plus près du « but » ou « cochon-net », ou « bouchon » : une petite boule en bois de 3 centimètres de diamètre environ qui sera lancée au début de la partie.

Avant de commencer, vous tracez un cercle et c'est de l'intérieur de ce cercle que vous lancez vos boules. Le mot pétanque vient du provençal « pieds tanqués », c'est à dire immobiles et joints.

<u>Qui gagne</u> ?

La boule qui est le plus près du « but » (le cochonnet) a le point. Lorsque chaque équipe a lancé sa première boule, celle qui n'a pas le point lance une autre boule (ou plusieurs) pour essayer de reprendre le point. Pour cela le joueur peut « pointer » : placer sa boule encore plus près du cochonnet que la vôtre, ou « tirer » : taper dans votre boule pour la déplacer et l'éloigner du « but ». « Faire un carreau » c'est déloger la boule de l'adversaire en prenant exactement sa place.

Quand toutes les boules ont été jetées, on fait le compte des points.Chaque boule d'une équipe compte un point, si aucune boule de l'équipe adverse n'est plus près du but. La partie se joue en 13 points. Les contestations ne sont pas rares et il faut mesurer la distance entre les boules et le cochonnet avec un mètre pliant.

Les boules sont jouées *sous* la main et non *sur* la main ; le balancier, le mouvement en arrière du bras qui tient la boule, puis son retour vers l'avant, par son ampleur et sa vitesse détermine la force et la distance de la boule.

2. LES CALISSSONS

C'est une spécialité d'Aix-en-Provence que nos amis ont dû goûter avec joie. Ce sont de délicieux bon-bons / petits-fours, de forme ovale, à pâte moelleuse faite d'amandes broyées et de melons confits (*glazed*). Les calissons sont fabriqués à Aix depuis 1470 !

CHAPITRE 18

Une compétition inégale

C'est ce soir qu'a lieu la compétition de pétanque. Tout le monde est prêt. Il y a six « quadrettes », c'est-à-dire des équipes de quatre joueurs. Nos amis forment la quadrette des jeunes. Tous les autres sont
5 des hommes, en général presque aussi vieux que le grand-père mais, bien sûr, plus alertes ! En fait Jenny   alerte *agile*
et Isabelle sont les seules filles ! Les autres viennent de la région et, de toute évidence, se connaissent tous.

10 JENNY: C'est bizarre, j'ai du mal à comprendre ce qu'ils disent !

LUC: C'est normal, entre eux ils parlent provençal.

RACHID: Et ils s'appellent tous Marius ou César !

ISABELLE: Comme dans les pièces de Marcel
15 Pagnol ◆, j'en ai lu au collège, quand j'étais en 3ème.

JENNY: Et ils sont si sérieux !

RACHID: Ici, la pétanque, c'est un sport très sérieux !

LUC: Je suis même étonné qu'ils nous acceptent...

ISABELLE: Moi, je les trouve tous amusants...

20   À vrai dire, ils ne sont pas si charmants que cela ! De toute évidence, pour eux, la pétanque est une affaire sérieuse. Ils essuient soigneusement leurs boules avant de les lancer, ils se disputent pour deux millimètres de différence, ils ont tous un mètre pliant   mètre pliant *folding*
25 dans leur poche et mesurent avec attention les dis-   *1-meter ruler*

tances entre les boules, entre les boules et le cochonnet ; ils crient, ils rouspètent. Dès le début l'équipe de
nos jeunes amis perd et la compétition semble de
moins en moins amusante.

30 JOUEUR N°1: Alors les Jeunes, qu'est-ce que vous
faites ?

RACHID: On essaie, on essaie, vous êtes trop forts
pour nous !

JENNY: Et pourtant, nous ne sommes pas mauvais !
35 Demandez à ceux qui nous connaissent !

JOUEUR N°2: C'est vrai, vous, l'Américaine, vous jouez
bien, je vous ai observée hier et avant-hier, mais vos
copains !

LUC: Merci !

40 JOUEUR N°2: Ne vous vexez pas, allez, ce n'est qu'une   se vexer *don't take*
partie de pétanque !   *it badly*

JOUEUR N°1: Et puis vous n'avez pas l'habitude de
jouer en équipes, c'est évident !

ISABELLE: Par contre, vous, vous avez l'habitude, c'est
45 aussi évident !

JOUEUR N°2: C'est vrai, on joue ensemble depuis 30
ans...

RACHID: Allez, arrêtez de vous disputer, ce n'est
qu'un jeu, on va perdre, ce n'est pas mortel...

50 Et, effectivement, l'équipe a vite été éliminée. Les   effectivement *sure*
autres joueurs continuaient, se chamaillaient,   *enough*
mesuraient et nos quatre amis commençaient à   se chamailler *to*
s'ennuyer ferme. À la prochaine pause ils ont donc   *squabble*
décidé de quitter la partie et d'aller prendre leur   s'ennuyer ferme *to*
55 dernier verre au *Deux Garçons*.   *get really bored*

RACHID: Je ne sais pas ce que vous en pensez, mais
moi, j'ai envie de rentrer à Marseille.

JENNY: Oui, on peut partir, qu'est-ce que tu en penses,
Isabelle ?

60 ISABELLE: Oui, bien sûr ! On connaît Aix, on s'est bien
amusés... Il est temps de continuer notre périple.   le périple *journey*
Mais, s'il vous plaît, pas ce soir ! Je suis trop
fatiguée.

LUC: Évidemment, de toutes façons la grand-mère
65 nous attend, elle a préparé une ratatouille ◆ maison !   la ratatouille maison
                                                                special ratatouille

JENNY: Je sais, elle m'a donné la recette.

Le lendemain donc, après une dernière soirée   embrassade (*f.*)
aixoise, et beaucoup de remerciements et d'embras-   *embrace*
sades, ils ont pris le car pour rentrer à Marseille. Pas
70 question de garder la voiture de leurs hôtes, même si
Rachid en avait bien envie...

QUESTIONS

A. VRAI OU FAUX? Si la phrase a une erreur, corrigez-la!

1. Pour jouer à la pétanque il faut être quatre. V

2. C'est un jeu qui passionne les Jeunes. F

3. Les vieux Aixois parlent un dialecte de la région. V

4. Ils ne prennent pas le jeu au sérieux. F

5. Nos amis gagnent la première partie. F

6. Tout le monde se dispute. V

7. Nos amis décident d'arrêter la compétition. V

8. Ils invitent les autres joueurs au « Deux Garçons ». F

9. Ils décident de rentrer à Marseille le lendemain. V

10. Ils vont rentrer en voiture. F

B. LES SPORTS

Individuellement ou en groupes, choisissez un sport qui vous
intéresse. Faites une liste des règles à suivre que vous allez
présenter à la classe.

◆Culture

1. MARCEL PAGNOL

C'est un écrivain provençal (1895–1974) qui a écrit des romans et des pièces de théâtre. Deux de ses personnages célèbres s'appellent Marius et César, comme beaucoup de Provençaux, ainsi que les jeunes amis l'ont remarqué.

Cherchez sur Internet ou dans une encyclopédie et faites une liste de toutes ses œuvres.

À VOUS

Plusieurs de ses livres ont été adaptés au cinéma (certains par lui-même).

Cherchez le DVD d'un de ces trois films : *La Gloire de mon père* ou *Jean de Florette* ou *Manon des sources.*

Regardez ce film et relevez les éléments qui vous rappellent les vacances de Jenny et d'Isabelle en Provence.

2. LA RATATOUILLE

C'est un délicieux mélange de légumes qui donne en cuisant une odeur pleine de tous les parfums de la Provence. On peut la servir chaude avec une viande ou froide en salade. C'est encore meilleur le lendemain.

Faites une ratatouille à la maison ou à l'école et faites goûter à tout le monde.

Voici la recette:

Pour 6 personnes, il faut : 2 oignons, 2 poivrons rouges, 1 poivron vert, 4 courgettes (*zucchini*), 1 grosse aubergine (*eggplant*) ; 1½ livre tomates mûres, 3 gousses d'ail; huile d'olive, persil, thym, 1 feuille de laurier (*bay leaf*). sel et poivre.

Laver les légumes. Peler les oignons, l'ail et les tomates. Retirer les graines des poivrons et des tomates.

Couper les légumes en morceaux; émincer (*cut in slices*) les oignons et hâcher l'ail. Faire sauter les courgettes dans la poêle avec 2Tbsp d'huile d'olive pendant cinq minutes. Mettez-les dans un plat et continuer avec les autres légumes, un par un, en ajoutant pour chacun un peu d'huile.

Dans une grande casserole à fond épais, faire dorer les onions; ajouter les tomates et remuer. Ajouter tous les autres légumes, l'ail, les fines herbes, le sel et le poivre. Couvrir et laisser cuire à feu doux pendant 30 minutes

CHAPITRE 19

Arrivée à Nice

Nos deux amies vont donc continuer leur voyage seules et quitter leurs amis marseillais après une journée passée à la plage du Frioul à paresser, nager et bronzer un peu plus. Ils savent qu'ils vont se revoir, *paresser to loaf around*
5 dans une quinzaine de jours, en Camargue, où les deux garçons vont venir les retrouver, cette fois-ci chez Alain et Martine. C'est donc sans tristesse, sans regrets, qu'ils se quittent à la gare routière, —comme *la gare routière bus station*
c'est en car que les deux filles ont décidé d'aller à Nice,
10 leur prochaine étape. Le car part à 8 heures du matin et arrive le soir, c'est un peu long, après tout, il n'y a que 250 kilomètres, mais il faut s'arrêter dans plusieurs villes. C'est d'ailleurs pour cette raison qu'elles ont choisi de prendre le car, pour voir d'autres
15 paysages et visiter en même temps. Elles sont passées par Toulon, Hyères, le massif des Maures et celui de *le massif a range of steep hills*
l'Esterel, Cogolin, Sainte Maxime, Fréjus, Saint Raphaël, Cannes et Antibes.

Elles ont donc voyagé toute la journée ; il est main-
20 tenant 18 h 30 et l'autocar, qui vient de longer la mer depuis une vingtaine de kilomètres, arrive à Nice.

JENNY: Regarde, nous sommes sur la Promenade des Anglais ◆!

ISABELLE: On va se baigner ?

25 JENNY: Bien sûr! De toutes façons, il n'y a pas de place à l'Auberge de Jeunesse ◆?

ISABELLE: Non, ils m'ont dit d'appeler demain. Pour ce soir, c'est plein à craquer.

JENNY: Alors, on descend du car dès qu'il s'arrête et
30   on va nager... Pour dormir, on va voir plus tard.

Le car vient justement de s'arrêter devant un grand
hôtel dont les toits rouges resplendissent derrière les   resplendir *to shine*
palmiers. Nos deux amies prennent leurs sacs et   *brilliantly*
descendent du car.

35 ISABELLE: Tous ces palmiers, comme c'est joli !

JENNY: C'est comme la Floride, mais en plus beau !
   Oh, regarde comme il est drôle...

Jenny montre du doigt un petit homme vêtu d'une
cape bleue et rouge, de bas noirs et portant un ridicule
40 chapeau surmonté d'une plume rouge.

ISABELLE: C'est le portier du Négresco !

JENNY: Le Négresco ? Qu'est-ce que c'est ?

ISABELLE: C'est cet hôtel, là, avec tous les drapeaux
   qui flottent sur le toit.

45 JENNY: Ben, dis donc, il doit être cher cet hôtel !

ISABELLE: Tu parles ! C'est là que descendent les stars
   de cinéma ! Allez, viens, j'ai envie de nager...

Les deux jeunes filles se précipitent donc sur la plage et trouvent un endroit pour poser leurs deux 50 sacs.

JENNY: Il n'y a pas de sable sur cette plage !

ISABELLE: C'est vrai, j'ai oublié de te dire que c'est une plage de galets... Attention aux pieds !

55 En prévision de ce moment elles avaient gardé leurs maillots sur elles et elles ont vite fait de se déshabiller.

JENNY: On peut laisser nos sacs ici ?

ISABELLE: Oui, mais attends, tu vas voir.

Regardant autour d'elle, Isabelle voit une femme qui lit le journal pendant que ses enfants jouent avec 60 les galets.

ISABELLE: Bonjour, Madame ; s'il vous plaît, est-ce que vous pouvez surveiller nos sacs quelques minutes ?

LA DAME: Bien sûr, mais prenez votre temps, l'eau est absolument délicieuse !
65

C'est ainsi qu'Isabelle et Jenny terminent la journée, à moitié dans l'eau, à moitié sur les galets, à admirer l'immense Baie des Anges, l'eau turquoise de la Méditerrannée, les gens sur la plage, les bateaux et le soleil qui baisse à l'horizon.
70

ISABELLE: Tu sais qu'il est déjà 8 heures, regarde, la plage commence à se vider.

JENNY: Alors, on dort où ?

ISABELLE: Pourquoi pas ici même ?

75 JENNY: Sur la plage ?

ISABELLE: Pourquoi pas ? Il fait chaud, on peut se mettre au pied de ce petit mur, là-bas, devant la pergola.

JENNY: La pergola ?

80 ISABELLE: Oui, regarde derrière nous, tu vois où il y a des chaises, des bancs et ces fleurs qui grimpent, c'est une pergola.

JENNY: Après tout, pourquoi pas... Je commence à avoir faim, pas toi ?

85 ISABELLE: D'après le plan de la ville – que voici – , juste derrière la Promenade des Anglais il y a une rue, c'est, attends... c'est la rue de France. Je vais aller nous chercher quelque chose à manger, j'ai 20 euros, ça suffit.

90 JENNY: N'oublie pas de l'eau minérale et des fruits.

ISABELLE: Quels fruits ?

JENNY: Prends des pêches et des abricots, ils sont si juteux par ici.

juteux (-se) *full of juice*

Les deux filles se rhabillent, montent leurs sacs
95 sous la pergola et Jenny s'installe sur une chaise de jardin très confortable pendant qu'Isabelle part à la recherche de leur dîner. Jenny, tournant le dos à la mer, admire le Négresco, ce grand hôtel maintenant illuminé dont les balcons dorés étincellent. Elle
100 s'amuse à en compter les fenêtres, les drapeaux qui volent au vent. Soudain un éclair roux semble projeté d'une des fenêtres du cinquième étage. Jenny se lève brusquement, elle est sûre d'avoir reconnu cette boule rousse, ces pattes blanches, cette queue striée.

105 JENNY: Oh ! Un chat ! On vient de jeter un chat par la fenêtre !

QUESTIONS

A. Complétez les phrases ave l'élément qui correspond.

1. Nos amis ne sont pas tristes de se quitter car
   a) ils ont bien nagé à la Plage du Frioul.
   b) ils vont se retrouver bientôt. ✓
   c) les deux filles partent pour Nice.

2. Elles partent à Nice en car parce que
   a) c'est à 250 kilomètres.
   b) c'est moins cher.
   c) le car s'arrête dans plusieurs villes. ✓

3. En arrivant, la première chose qu'elles veulent faire c'est
   a) nager. ✓
   b) dormir.
   c) téléphoner à l'Auberge de Jeunesse

4. Le portier du Négresco est
   a) un peu ridicule. ✓
   b) très beau.
   c) riche.

5. Le Négresco, c'est
   a) un cinéma.
   b) un jardin exotique.
   c) un hôtel. ✓

6. Elles vont nager et trouvent que
   a) l'eau est froide et le sable doux.
   b) l'eau est bonne et les galets très doux.
   c) l'eau est merveilleuse mais les galets font mal aux pieds. ✓

7. Ce soir-là elles ont l'intention de dormir
   a) sur la plage. ✓
   b) à l'Auberge de Jeunesse.
   c) au Négresco.

8. Pendant qu'Isabelle va faire les courses, Jenny
   a) dort sous la pergola.
   b) regarde le Négresco. ✓
   c) admire le coucher du soleil sur la mer.

9. Soudain, du cinquième étage, Jenny voit tomber
   a) un animal. ✓
   b) un drapeau.
   c) une balle.

B. MOTS ET ACTIONS. Mettez les noms et les verbes de la liste ci-dessous dans la catégorie qui convient.

CATEGORIES

A: Nice   **B:** la plage   **c:** le car   **D:** la pergola   **E:** le Negresco

1. la Baie des Anges _A_
2. des balcons dorés _E_
3. des bancs _D_
4. des bateaux _B_
5. bronzer _B_
6. des chaises de jardin _D_
7. le coucher du soleil _B_
8. nager _B_
9. la rue de France _A_
10. s'arrêter _C_

11. des drapeaux _E_
12. des fleurs _D_ _B_
13. des galets _____
14. des palmiers _A_
15. un maillot _B_
16. paresser _B_
17. un portier _E_
18. la Promenade des Anglais _A_
19. un sac _C_
20. voyager _C_

CULTURE

1. LA PROMENADE DES ANGLAIS

Le site de Nice est particulièrement agréable : des collines abritent la ville qui s'étend le long de la magnifique baie des Anges. La Promenade des Anglais est une large et splendide avenue qui longe la baie des Anges. Elle est bordée par de somptueux palaces (grands hôtels luxueux) et des bâtiments splendides dont le Palais de la Méditerranée, le Palais Masséna, le casino Ruhl. Elle doit son nom et sa renommée aux premiers touristes qui, dès le 18e siècle, venaient d'Angleterre pour jouir du soleil pendant l'hiver. Ce sont eux qui ont fait établir la première promenade au bord de la mer et fait le succès de Nice comme station hivernale. De janvier à fin avril, la « saison » bat son plein; les fêtes se succèdent, le Carnaval pendant dix jours précédant Mardi Gras (*Shrove Tuesday*) est plein de divertissements variés. On peut aussi faire du ski à une ou deux heures d'auto.

Au 19e siècle, de riches Russes sont venus à Nice et y ont construit des châteaux et des palais et même une Basilique sur les plans de l'église St-Basil de Moscou.

Depuis 1936, quand les congés payés (*paid vacation time*) ont été créés en France, Nice est devenu également une station d'été renommée avec des courses de chevaux, des batailles de fleurs, des jeux nautiques. Il y a foule tout l'été.

2. LES AUBERGES DE JEUNESSE

La première Auberge de Jeunesse a été ouverte en 1907 en Allemagne. Cinq ans plus tard, il y en avait 65, et en 1919 trois cents. En 1930, Marc Sangnier crée la première Auberge française et la Ligue française des Auberges de Jeunesse.

En 1932, une Fédération internationale est créée (I.Y.H.F., International Youth hostel Federation). En 1956, la Fédération Unie des Auberges de la Jeunesse (F.U.A.J.) est créée qui rassemble toutes les auberges dans tous les pays.

En 2005, la F.U.A.J. compte 4000 Auberges et 4 000 000 membres dans 81 pays dont 160 Auberges et 130 000 membres en France.

À VOUS

Avez-vous déjà passé la nuit dans une auberge de jeunesse ? Racontez où et quand, et ce que vous en avez pensé.

CHAPITRE 20

La mascotte
du Négresco

Isabelle, un sac en plastique à la main, s'apprête à traverser la Promenade des Anglais au même moment où son amie, criant et gesticulant, se met à traverser la route en sens inverse.

5 ISABELLE: Qu'est-ce qu'il y a ? Qu'est-ce qui se passe ?

JENNY: Regarde le chat ! Il vient de s'accrocher au bord d'une fenêtre, viens vite, il va s'écraser au sol !

Faisant demi-tour, Isabelle suit son amie qui s'approche du Négresco◆ et se met à crier :

10 JENNY: Au secours ! Vite ! Il y a un chat qu'on vient de jeter par la fenêtre ! Vite ! Quelqu'un !

Mais personne ne semble l'entendre. Le fameux portier, avec son drôle de costume, n'est pas en vue.

ISABELLE: Mais où est ce chat ? Je ne vois rien !

15 JENNY: Là-haut, au 3ème étage, regarde, il s'est accroché au balcon mais il ne bouge pas ! Il faut absolument le sauver...

Posant son sac par terre, Isabelle, qui a vu le chat, se précipite avec son amie.

20 JENNY: Il faut grimper, tiens, viens par là, c'est facile avec tous ces balcons !

ISABELLE: Attends, attends, je n'ai pas fait d'alpinisme, moi !

JENNY: Alors, reste là où tu es, sous le balcon et ne
25 bouge pas, je vais essayer de le prendre. Si je le lâche, tu l'attrapes...

ISABELLE: Tu es complètement folle, tu vas te casser une jambe !

Mais Jenny est déjà partie. Elle s'accroche à un petit
30 muret et arrive à atteindre l'auvent qui recouvre l'entrée d'un des restaurant du rez-de-chaussée.

le muret *low wall*
l'auvent (*m.*)
  canopy

ISABELLE: Attention ! Je t'en supplie !

Sans doute alerté par les cris d'Isabelle, le portier sort et vient en courant.

35 LE PORTIER: Qu'est-ce qui se passe ? Qu'est-ce que vous faites ?

Et puis, apercevant Jenny qui continue son ascension périlleuse, il se met à crier :

périlleux (-se)
  dangerous

LE PORTIER: MADEMOISELLE, DESCENDEZ IM-
40 MEDIATEMENT OU J'APPELLE LA POLICE ! VOUS M'ENTENDEZ ? DESCENDEZ !

Et, sortant un sifflet de sa poche, il se met à siffler le plus fort possible.

ISABELLE: Mais non, attendez, ce n'est pas une
45 voleuse, elle veut sauver un chat.

LE PORTIER: Un chat ?

ISABELLE: Mais oui, regardez, il a été jeté par une fenêtre et il s'est accroché à un balcon du troisième étage.

50 Et Isabelle montre le chat, toujours immobile.

LE PORTIER: Oh, mon Dieu! C'est Mascotte ! quelle catastrophe !

ISABELLE: Mascotte ?

LE PORTIER: Mais oui, c'est le chat du Négresco, c'est
55   notre mascotte◆! Il faut aller le sauver... Venez avec
moi...

ISABELLE: Mais, et mon amie ?

LE PORTIER (à Jenny):   Mademoiselle, descendez, on
va l'avoir de l'intérieur.

60   Isabelle entre dans l'hôtel avec le portier qui se précipite vers l'employé de la réception.

LE PORTIER: Vite, donne-moi le passe, Mascotte est   le passe *master key*
accroché à un des balcons...

L'EMPLOYÉ: Mascotte ! Mais pourquoi ? Qu'est-ce qui
65   lui a pris ? Il est si calme, si placide...   placide *calm, placid*

LE PORTIER: On n'a pas le temps de se poser des questions. Appelle du renfort, tout le monde au 3ème
étage, c'est la chambre 322.

ISABELLE: Comment savez-vous que c'est la chambre
70   322 ?

LE PORTIER: Je travaille ici depuis 35 ans, Mademoiselle ! Venez vite, on va prendre l'escalier, c'est
plus rapide que l'ascenseur.

ISABELLE: On va entrer dans la chambre ?

75 LE PORTIER: Il est 21 heures, il n'y a probablement
personne et j'ai la clé !

Arrivés devant la chambre 322 Isabelle et le portier
attendent pendant que ce dernier frappe à la porte.

LE PORTIER: On ne sait jamais !

80   Une voix courroucée répond :   courroucé(e) *angry*

LA VOIX: Oui, qu'est-ce qu'il y a ?

LE PORTIER: C'est le portier, Monsieur, puis-je vous
demander la permission d'aller sur votre balcon,
Mascotte est tombé...

85 LA VOIX: Mascotte ? Qui est Mascotte ?

LE PORTIER: C'est notre chat, Monsieur, le chat de l'hôtel !

LA VOIX: Un chat ! Vous me dérangez pour UN CHAT ! Mais je déteste les chats ! Non, vous ne pouvez pas
90 entrer.

ISABELLE: Oh Monsieur, s'il vous plaît, il va tomber et il va s'écraser par terre...

LA VOIX: Et bien, tant mieux, cela fera un chat de moins !

QUESTIONS

A. VRAI ou FAUX ? Dites si la phrase suivante est vraie ou fausse. Si elle est fausse, donnez la bonne réponse.

1. C'est Isabelle qui a vu le chat en premier. F

2. Le chat est tombé jusqu'à la rue. F

3. Jenny décide d'aller elle-même chercher le chat. V

4. Isabelle a peur pour son amie. V

5. Le portier est heureux de voir Jenny escalader l'hôtel. F

6. Il siffle pour appeler la police. V

7. Le chat est célèbre au Négresco. V

8. Ils vont essayer de l'attraper de l'intérieur. V

9. Le client de la chambre 322 ouvre sa porte. F

10. Ce client adore les chats. F

B. CHERCHEZ LES VERBES.

Dans le résumé de ce chapitre, les verbes manquent. Trouvez-les dans la liste ci-dessous et mettez-les à la bonne place.

décide	espère	est		grimper	monte	pense	ouvrir
refuse	revient	s'appelle	sauver	tomber	traverse	voit

Quand Isabelle __1__ de faire les courses elle __2__ Jenny qui __3__ la rue en criant car elle a vu un chat __4__ du 5ème étage. Elle __5__ de __6__ aux balcons pour le __7__

Le portier __8__ furieux car il __9__ que c'est une voleuse. Le chat __10__ Mascotte et il est célèbre. Tout le monde __11__ à la chambre 322 mais le client __12__ d'__13__ sa porte car il n'aime pas les chats et il __14__ qu'il va s'écraser par terre.

CULTURE

1. LE NÉGRESCO

Cet hôtel, construit en 1912 a été classé monument historique. C'est le dernier palace «Belle Époque» fonctionnant encore comme hôtel. Le mobilier d'époque est très élégant.

Visitez son site et lisez son histoire : *www.hotel-negresco-nice.cote. azur.fr*

À VOUS

Écrivez une lettre à la direction de l'hôtel Négresco pour réserver une chambre pour huit jours. Quelles questions posez-vous ?

2. UNE MASCOTTE

C'est un animal, une personne, un objet considérés comme portant bonheur.

Ici, c'est un chat qui est la mascotte du Négresco.

À VOUS

Cherchez dans votre entourage les mascottes de vos amis, votre famille, votre club de sport etc....

CHAPITRE 21

Le client
de la chambre 322

Isabelle et le portier sont consternés. Au même
moment trois autres employés de l'hôtel arrivent en
courant.

LE PORTIER: Impossible d'entrer dans la 322,
5   essayons la 324.

Et, cette fois, il n'y a personne. Le portier, Isabelle
et les employés peuvent donc y entrer et se précipitent
vers le balcon au moment où Jenny, qui pendant ce
temps, avait continué son escalade, était arrivée juste
10   au niveau de Mascotte qu'elle venait de prendre et de
mettre sur son épaule. Des cris de joie sont alors montés de la rue où une foule s'était assemblée pour
regarder « le sauvetage »...

le sauvetage *rescue*

LE PORTIER (à Jenny): Mademoiselle, venez par ici,
15   tenez, suivez le rebord, sous cette fenêtre, doucement...

le rebord *ledge*

Jenny s'est donc avancée vers le balcon de la chambre 324 et le portier a pu prendre le chat qui tremblait
sur l'épaule de la jeune fille.

ISABELLE: Jenny, tu es formidable !

20 À ce moment le patron du Négresco arrivait en
courant.

le patron *manager*

LE PATRON: Mascotte ! Comment va Mascotte ?

LE PORTIER: Le voilà, Monsieur, c'est Mademoiselle
qui l'a sauvé !

25   Jenny a escaladé le balcon de la chambre 324. Elle
a le cou en sang.

ISABELLE: Jenny, tu saignes ! Qu'est-ce que tu as ?

saigner to bleed

JENNY: C'est le chat, il avait tellement peur qu'il m'a
griffé le cou.

30 LE PATRON: Mademoiselle, comment vous remercier !
Venez vite, nous allons appeler le médecin de
l'hôtel.

De retour au rez-de-chaussée, dans un petit salon
meublé avec un luxe du siècle passé, le médecin a
35 examiné le cou de Jenny. Il a nettoyé les griffures et,
par précaution, il lui a fait une piqûre anti-tétanique.

la griffure scratch
la piqûre anti-
tétanique
tetanus shot

JENNY: Alors, ce chat ? C'est le chat de l'hôtel ?

LE PATRON: Mais oui, c'est notre mascotte, il est chez
nous depuis près d'un siècle !

40 ISABELLE: Près d'un siècle! Ce chat est centenaire ?

LE PATRON: Mais non, nous avons des mascottes de
père en fils, celui-ci est sans doute de la huitième ou
la neuvième génération ! Mais, à propos, pourquoi
Mascotte était-il accroché au balcon ?

45 JENNY: J'ai vu qu'on le balançait du cinquième étage.

balancer (fam.) to throw

LE PATRON: Du cinquième ? Mais c'est la suite de la
Princesse de la Tour ! Vite, vite, ses bijoux !

Tout le monde s'est alors précipité dans l'escalier et
le patron a ouvert, sans même frapper, la porte de la
50 suite 522, celle de la Princesse.

LE PATRON: La Princesse n'est pas là, vite, allumez
partout.

Et là, dans un recoin de la pièce, près du balcon de
la chambre, deux hommes, qui, de toute évidence,
55 essayaient inutilement de se cacher derrière les
rideaux, les regardaient avec ahurissement.

le recoin corner, cranny

ahurissement (m.) stupéfaction

LE PATRON: Et bien ? On cherche à voler les bijoux de la Princesse ?

LE PORTIER: Regardez là, ce sac.

60 LE PATRON: Que personne ne bouge ! Appelez les agents de sécurité.

Deux minutes plus tard les agents de sécurité arrivaient, suivis de près par deux policiers de la ville de Nice.

65 LE COMMISSAIRE DE POLICE: Alors, le chat vous a gêné pour faire votre petit trafic ?

petit trafic *business*

VOLEUR N°1:   Ben oui, il était dans nos jambes...

JENNY: Ce n'est pas une raison pour le jeter par la fenêtre !

70 VOLEUR N°2:   Nous, on déteste les chats !

ISABELLE: Exactement comme le client de la chambre 322 ?

LE COMMISSAIRE: Comment ? Que dites-vous ?

Le portier a donc raconté l'incident avec le client de
75 la chambre 322, celui qui avait refusé d'ouvrir sa porte pour sauver Mascotte.

LE COMMISSAIRE: Tiens, c'est bizarre. Pouchon, venez ici.

Quelques secondes plus tard l'inspecteur Pouchon
80 sortait précipitamment...

LE COMMISSAIRE: Alors, ces bijoux, comment alliez-vous les sortir de l'hôtel ? Ah, je vois, vous ne voulez rien dire! Pour qui travaillez-vous ? Voyons...

S'approchant de la fenêtre, le commissaire se met à
85 ouvrir les double-rideaux. Sous la fenêtre, une corde...

LE COMMISSAIRE: Ah, voilà... Une corde, un sac plein de bijoux et... deux étages plus bas...

L'inspecteur venait d'entrer, devant lui, un homme
avec des menottes aux poignets.

la menotte
handcuff

LE COMMISSAIRE, sans se retourner: Bonjour mon
cher Paillasse ! Alors, les affaires vont plutôt mal en
ce moment ?

PAILLASSE: Vous m'avez reconnu ?

LE COMMISSAIRE: Mais bien sûr, c'est toujours la
même technique : on loue une chambre plus bas et
les complices vous font parvenir les bijoux volés par
le balcon ! Le Palace à Cannes l'année dernière, le
Ritz, à Paris, il y a deux ans...

LE PATRON: Mais alors, Mesdemoiselles, c'est grâce à
vous que les voleurs ont été arrêtés !

LE PORTIER: Et Mascotte sauvé...

LE COMMISSAIRE: Et les bijoux, rendus à sa propriétaire...

LE PATRON: ... qui ne s'est même pas rendu compte
qu'ils avaient disparu ! Oh, Mesdemoiselles, comment pouvons-nous vous remercier !

QUESTIONS

A. Répondez aux questions avec une phrase complète.

1. Pourquoi ne peuvent-ils pas entrer dans la chambre 322 ?

2. Quand tout le monde arrive au balcon, où sont Jenny et le chat ?

3. D'où viennent les cris de joie qu'on entend alors ?

4. Pourquoi le chat a-t-il griffé Jenny ?

5. Qu'est-ce que le médecin a fait ? Pourquoi ?

6. Mascotte a-t-il vraiment cent ans ?

7. Qui habite la suite 522 ? Pourquoi le patron du Négresco est-il si inquiet ?

dans la chambre de la princesse

8. Où sont les voleurs ? Que font-ils ? *ils volent les bijoux*

9. Pourquoi ont-ils jeté le chat par la fenêtre ? *il était gênant*

10. Quelle coïncidence intrigue le commissaire ? *les voleurs et l'inconnu détestent chats*

11. Qui est Pouchon ? Où va-t-il ? *inspecteur*

12. Pourquoi le commissaire reconnaît-il le chef du gang sans même le voir ?

13. Expliquez le plan d'action des voleurs.

B. MOTS CROISÉS

VERTICALEMENT

1. Les voleurs cherchaient les _____ de la Princesse.

2. À cause du chat Jenny a le cou en _____ .

3. À la fin de l'épisode les voleurs sont _____ .

4. Les voleurs essaient de se cacher dans un _____ de la suite 522.

HORIZONTALEMENT

5. Paillasse a l'habitude de._____ .

6. Ils voulaient descendre le sac de bijoux par la _____ .

7. Les voleurs se cachaient derrière les._____ .

8. Jenny est blessée au _____ .

9. La piqûre est nécessaire car les _____ du chat l'ont blessée profondément.

10. Il y a un chat au Négresco depuis près d'un _____ .

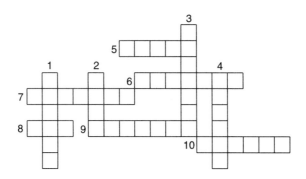

Culture

LES CAMBRIOLEURS ET LES DÉTECTIVES CÉLÈBRES

Faites des recherches sur :

1. Arsène Lupin, le célèbre cambrioleur créé par Maurice Leblanc
2. Sherlock Holmes, le détective mythique de Conan Doyle
3. Hercule Poirot et Miss Marple, les créations d'Agatha Christie
4. Le commissaire Maigret de Georges Simenon

Écrivez ce que vous avez trouvé.

CHAPITRE 22

Une récompense
bien méritée

Le commissaire et les voleurs sont partis. Isabelle et Jenny sont restées seules avec le patron de l'hôtel. Jenny caresse Mascotte quand, soudain, Isabelle s'écrie :

5 ISABELLE: Nos sacs ! Nos sacs à dos sous la pergola !... et les achats pour le dîner, j'ai tout posé par terre, sur le trottoir, devant l'hôtel !

LE PATRON: Ne vous inquiétez pas, j'envoie quelqu'un les chercher.

10 JENNY: Et bien, s'ils sont encore là, c'est qu'il n'y a pas de voleurs sur la Côte d'Azur !

ISABELLE: Pas de voleurs sur la plage... Ils sont tous dans les grands hôtels !

Cinq minutes plus tard un employé de l'hôtel
15 revient avec les deux grands sacs à dos de nos jeunes amies.

L'EMPLOYÉ: Je n'ai rien trouvé sur le trottoir.

LE PATRON: Qu'est-ce qu'il y avait dans ce sac ?

ISABELLE: Des sandwichs et des pêches...

20 LE PATRON: Hum... Puis-je me permettre de vous demander où vous logez... si ne n'est pas trop indiscret ?

loger to lodge, stay

JENNY: Ce soir, nulle part, demain, on va à l'auberge de jeunesse.

25 ISABELLE: On a l'intention de dormir sur la plage.

LE PATRON: Mais c'est interdit ! Écoutez, je voudrais vous remercier en vous offrant de rester ici, aussi longtemps que vous voulez...

interdit forbidden

ISABELLE: Ici ? Au Négresco ?

30 JENNY: Mais nous n'avons pas beaucoup d'argent !

LE PATRON: Qui vous parle d'argent ! Vous êtes mes invitées. Voici la clé de la chambre 460. Appelez le restaurant, on va vous monter ce que vous voulez... Ou bien, si vous préférez, descendez au
35 restaurant. Vous avez carte blanche : nous vous devons bien ça !

*carte blanche
anything you
want*

Voilà pourquoi, quelques heures plus tard, Jenny et Isabelle, attablées à la terrasse du restaurant le plus chic de toute la ville, terminaient un succulent repas
40 par la meilleure mousse au chocolat de l'histoire de l'humanité !

*attablé(e) sitting at
a table*
*succulent(e)
delicious*

Nos deux amies, après avoir pris un bain de minuit dans la piscine de l'hôtel se sont donc endormies dans des draps de soie–ou, du moins, aussi doux que de la
45 soie–et ce n'est qu'à 10 heures qu'elles ont été réveillées par un très beau jeune homme qui venait leur apporter un (très) copieux petit déjeuner qu'elles ont pris sur le balcon de leur chambre.

*copieux (-euse)
copious,
abundant*

ISABELLE: Quand je pense qu'hier on devait dormir
50 sur la plage !

JENNY: Oui, nous sommes aussi bien sur ce petit balcon, avec cette vue de la Baie des Anges !

ISABELLE: Nous sommes des anges ! Nous avons sauvé Mascotte !!!

55 JENNY: Et aujourd'hui, Mademoiselle Martin, que nous proposez-vous ? Qui allons-nous sauver cette fois-ci ? Une petite fille ? un chat ? un éléphant qui a peur d'une souris ?

ISABELLE: Et si on allait à la plage, tout simplement ?

60 JENNY: Pourquoi pas ! Il y a beaucoup de vieux dans cet hôtel, ils sont tous au bord de la piscine !

ISABELLE: Il n'y a pas beaucoup de jeunes de notre âge qui peuvent se permettre le Négresco !

Pour aller à la plage il suffisait de traverser la rue.
65 Une demi-heure plus tard nos deux amies nageaient dans la Méditerrannée, bronzaient sur de très confortables transats, restant toute la journée à ne rien faire.

le transat deck chair

JENNY: Voilà ce que j'appelle des vacances !

ISABELLE: Oui, de vraies vacances... bien méritées.

QUESTIONS

A. Complétez les phrases avec l'élément qui convient.

1. Le commissaire et les voleurs sont partis
   a) à la plage.
   b) à l'hôtel.
   c) en prison.

2. Les sacs à dos d'Isabelle et de Jenny sont encore
   a) devant l'hôtel.
   b) sous la pergola.
   c) sur la plage.

3. Elles n'ont plus leur dîner car le sac avec la nourriture
   a) est dans le Négresco.
   b) est sur le trottoir.
   c) a disparu.

4. Le patron leur propose de rester au Négresco
   a) gratuitement.
   b) pour moins cher.
   c) en travaillant.

5. Ce soir-là elles dînent
   a) sur leur balcon.
   b) au restaurant du Négresco.
   c) au bord de la piscine du Négresco.

6. Le lendemain elles se sont levées
   a) tard.
   b) à minuit.
   c) très tôt.

7. Elles vont passer le restant de la journée
   a) au bord de la piscine.
   b) avec les anges.
   c) à la plage.

8. Après toutes ces aventures elles ont envie de
   a) voyager.
   b) se reposer.
   c) bouger.

B. RÉSUMÉ

Remettez dans l'ordre les gros titres qui racontent l'histoire de
La Mascotte du Négresco.

DES VACANCES DE LUXE 13

LES VOLEURS PRIS AU PIÈGE 12

UN CLIENT BIEN MÉCHANT 9

LA COLÈRE DU PORTIER DU NÉGRESCO 5

MERCI, JENNY ! 8

SUR LA PROMENADE DES ANGLAIS 1

PAUVRE CHAT: QUELLE HORREUR ! 3

OUF, MASCOTTE EST SAUVÉ 6

QUE LA MER EST BONNE APRÈS CE LONG VOYAGE ! 4

LES BIJOUX DE LA PRINCESSE 11

ON VA DORMIR SUR LA PLAGE 2

CATASTROPHE: C'EST MASCOTTE ! 6
LE COU DE JENNY ~~50~~ 7
UN PLAN TRÈS INGÉNIEUX 10
LA FOLLE ESCALADE DE JENNY ~~3~~ 4

Culture

1. LES VACANCES

En France, les enfants passent le plus souvent leurs vacances avec leurs parents. Ils vont souvent dans la famille, par exemple chez des grands-parents, des oncles, des tantes, qui ont une maison à la campagne, à la mer, ou à la montagne. Ils vont aussi souvent en colonie de vacances.

Les jeunes adultes voyagent seuls, en groupes, vont faire du camping, ou s'arrêtent dans les auberges de jeunesse.

Et les adolescents ? Que préfèrent-ils ? Trouver un travail pour l'été en France, c'est très rare. Par contre, les séjours linguistiques à l'étranger pour perfectionner une langue étrangère qu'on étudie à l'école sont asez répandus.

À VOUS

Et vous ? Organisez un sondage (*survey*), auprès de vos camarades dans votre classe pour savoir quelles sortes de vacances ils préfèrent. Qui part où ?

2. LA GASTRONOMIE

Imaginez que vous avez carte blanche dans un grand restaurant ? Que choisissez-vous ?

Dites toutes les choses que vous préférez (hors d'œuvre, plats de tous genres, desserts)

CHAPITRE 23

En Italie

Jenny et Isabelle voulaient recommencer à bouger après deux jours de plage/piscine, piscine/plage. Seulement, comment quitter tout ce luxe ? C'est Isabelle qui, au matin du troisième jour, a trouvé la
5 solution.

bouger *to move around*

ISABELLE: On reste à l'hôtel mais, dans la journée, on visite les environs.

JENNY: Et le soir on rentre au Négresco ?

ISABELLE: Pourquoi pas ?

10 JENNY: Tu ne penses pas qu'on exagère un peu ?

ISABELLE: Mais non, on a sauvé Mascotte et puis l'hôtel n'est pas plein.

JENNY: Évidemment, à ce prix-là !

ISABELLE: Regarde cette brochure, il y a un car qui va
15 jusqu'à Menton, à la frontière italienne. Il suit la moyenne corniche ◆ et revient par la corniche inférieure. Qu'est-ce que tu en penses ?

la corniche *ridge*

JENNY: Jusqu'en Italie ? Alors, on peut aller manger des pâtes. Tu crois qu'il y a un restaurant à la fron-
20 tière ?

ISABELLE: Il n'y a PLUS de frontière ! Tu oublies l'Europe ?

JENNY: Comment veux-tu que j'oublie l'Europe avec des EUROS ◆ dans ma poche.

25 Le prochain car devait partir à 10 heures et, une demi-heure plus tard, nos deux amies se trouvaient à la gare routière et quittaient Nice. Au Col de

150

Villefranche la vue sublime de la Baie des Anges et de
toute la région leur a fait pousser de tels cris d'émer-
30 veillement que le chauffeur a ralenti considérable-
ment pour leur donner le temps d'admirer la vue.

Le troisième arrêt, à Eze, un petit village perché sur
un rocher, devait durer un quart d'heure, juste assez
pour leur donner le temps de faire quelques pas et
35 d'admirer la vue splendide sur la Riviera.

JENNY: C'est absolument adorable, toutes ces fleurs,
ces ruelles avec ces voûtes et ces escaliers.

ISABELLE: On dirait des maisons de poupée, un village en miniature.

la ruelle *narrow street*
la voûte *arch*

40   À Menton, le dernier arrêt, tout le monde devait
descendre.

ISABELLE, au chauffeur: L'Italie, c'est loin d'ici ?

LE CHAUFFEUR: Non, à une demi-heure environ, mais,
vous savez, il n'y a rien à voir avant Vintimille, la
45   première ville italienne.

JENNY: On y va comment ?

LE CHAUFFEUR: Tenez, vous voyez ce car bleu et
blanc, il y va, il part maintenant.

Vintimille se trouvait à 30 minutes et 12 euros de
50 Menton, comment ne pas y aller ?
Dans le car Jenny ne cachait pas sa joie.

JENNY: Il n'y a plus de frontière, plus rien ! Quand je
pense à toutes les histoires de mes parents...

ISABELLE: Ils sont souvent venus en Europe ?

55 JENNY: Bien sûr, je t'ai déjà raconté que mes parents
se sont rencontrés dans le train entre la frontière
française et Madrid.

ISABELLE: Oui, j'avais oublié ! Et ils ont parlé espagnol ensemble avant de se rendre compte qu'ils
60   étaient américains...

JENNY: Oui, au moins pendant quelques minutes ! Mais ils sont revenus ensemble très souvent, surtout quand ils étaient à l'université, et ils avaient des tas de problèmes avec les douaniers.

le douanier *custom officer*

65 ISABELLE: Pourquoi ? Ils faisaient du trafic ?

JENNY: Non, pas du tout, mais mon père avait les cheveux longs et une barbe sur son passeport et les douaniers ne le reconnaissaient jamais car, à l'époque dont je te parle, il n'avait plus de barbe et
70 ses cheveux étaient courts.

ISABELLE: Alors, pourquoi ne pas changer la photo du passeport ?

JENNY: Éventuellement, c'est ce qui s'est passé, mais, à chaque frontière, les douaniers mettaient un tam-
75 pon sur le passeport et mon père était très fier de tous ces tampons...

le tampon *stamp*

ISABELLE: Maintenant, il n'y a plus de tampons !

JENNY: C'est exactement ce que je me dis, pauvre papa... plus de tampons, plus de passeports.

80 ISABELLE: Sauf pour toi, tu ne fais pas partie de l'Union Européenne ◆ !

JENNY: Mais, regarde, nous sommes en Italie, on ne m'a rien demandé...

Le car venait d'arriver à Vintimille et, à midi, à leur
85 grande joie, nos deux aventurières ont pu manger de
vraies pâtes italiennes, dans un vrai restaurant italien,
en Italie, alors que, le matin même, elles déjeunaient
à Nice !

QUESTIONS

A. VRAI ou FAUX ? Dites si la phrase suivante est vraie ou fausse.
   Si elle est fausse, donnez la bonne réponse.

   1. Jenny et Isabelle sont fatiguées de ne rien faire.
   2. Elles décident de quitter le Négresco.
   3. Elles ont envie d'aller en Italie.
   4. C'est un problème car elles n'ont pas de visa.
   5. Le car s'est arrêté dans un petit village pittoresque.
   6. La première ville à voir, en Italie, est Menton.
   7. Les douaniers sont très gentils.
   8. Les parents de Jenny se sont rencontrés en Espagne.
   9. À cette époque, en Europe, il y avait beaucoup de frontières.
   10. Ce soir-là elles ont dîné en Italie.

B. VOCABULAIRE. Complétez avec le ou les mots qui convien-
   nent. Attention, il y a trop de choix dans la colonne de droite.

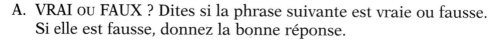

1. la photo	J	a. routière
2. des pâtes	H	b. la vue
3. la gare	A	c. italiens
4. des cris	G	d. français
5. admirer	B	e. de poupée
6. faire	K	f. dans la poche
7. des tas	I	g. d'émerveillement
8. une maison	E	h. italiennes
		i. de problèmes
		j. du passeport
		k. quelques pas

◆CULTURE

1. LES CORNICHES DE LA RIVIERA

La Riviera est le nom donné quelquefois à la Côte d'Azur entre Nice et la frontière italienne par analogie avec la Riviera italienne qui continue jusqu' à Gênes.

C'est une région très montagneuse; entre Nice et Menton les Alpes descendent jusqu'à la mer et sur les raides versants (*steep slopes*) trois routes célèbres ont été construites au bord de la pente. Ce sont :

- *la Corniche Inférieure* qui longe la mer au pied des montagnes et permet l'accès à toutes les stations de la Riviera.

- *la Moyenne Corniche* qui est une route moderne créée dans un but touristique à mi-hauteur sur la montagne. Elle offre de très belles vues sur la côte et la mer.

- *la Grande Corniche* est la plus élevée et la plus escarpée (*steep*); elle a été construite par Napoléon Bonaparte. Elle offre des vues spectaculaires sur toute la région.

À VOUS

Regardez les routes en corniche sur un atlas ou sur Internet (ou sur la carte reproduite ici) et imaginez que vous allez de Nice en Italie. Quelle route allez-vous prendre ? Pourquoi ?

2. L'EUROPE : L'UNION EUROPÉENNE

Pendant des années la France et l'Allemagne se sont battues dans des guerres meurtrières. En 1946, Jean Monnet, qui faisait partie du gouvernement après la Deuxième Guerre Mondiale, a réfléchi avec d'autres idéalistes au moyen de faire une union entre ces deux pays. Voici la progression de la construction de l'Union européenne :

1950 : déclaration historique de Robert Schuman, ministre des affaires étrangères, qui déclare la mise en commun des ressources de charbon et d'acier de la France et de l'Allemagne.

1951 : 6 pays (l'Allemagne, la Belgique, la France, l'Italie, le Luxembourg et les Pays-Bas) signent le traité de Paris instituant la CECA (communauté du charbon et de l'acier)

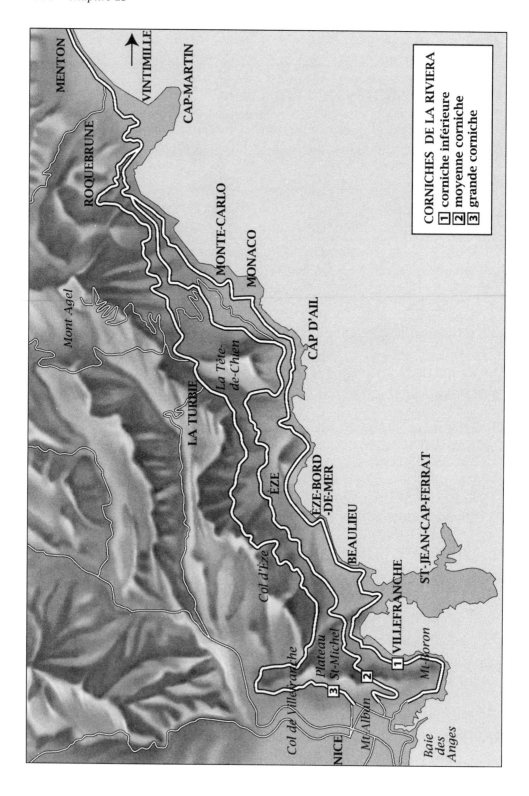

CORNICHES DE LA RIVIERA
1 corniche inférieure
2 moyenne corniche
3 grande corniche

MENTON

VINTIMILLE

CAP-MARTIN

ROQUEBRUNE

MONTE-CARLO

MONACO

CAP D'AIL

Mont Agel

La Tête-de-Chien

LA TURBIE

EZE

EZE-BORD-DE-MER

BEAULIEU

Col d'Èze

ST-JEAN-CAP-FERRAT

VILLEFRANCHE

Mt-Boron

Plateau St-Michel

Col de Villefranche

Mt-Alban

NICE

Baie des Anges

1957 : Ces 6 pays signent le Traité de Rome créant la CEE (Communauté économique européenne).

1962 : la PAC (politique agricole commune)

1968 : Union douanière entre ces 6 pays.

1973 : L'Europe des 9 avec 3 pays supplémentaires : le Danemark, le Royaume-Uni et l'Irlande.

1981 : La Grèce se joint à l'Europe

1986 : L'Europe des 12 avec l'Espagne et le Portugal.

1992 : Traité de Maastricht : union économique et monétaire, citoyenneté européenne.

1993 : Marché unique

1995 : trois nouveaux pays : l'Autriche, la Finlande et la Suède.

À VOUS

Cherchez où en est l'Europe depuis l'Europe des 15 de 1995.

En 2004, ils étaient 25. Quels sont les 10 nouveaux pays ? Et maintenant ?

3. L'EURO

La monnaie unique avait été décidée dès 1992 mais n'est entrée en vigueur qu'au 1er janvier 2002 quand les euros ont remplacé les devises nationales de 12 des 15 pays d'Europe : l'Allemagne, l'Autriche, la Belgique, l'Espagne, la Finlande, la France, la Grèce, l'Irlande, l'Italie, le Luxembourg, les Pays-Bas et le Portugal.

À VOUS

Faites des recherches, dans le journal ou sur Internet, sur la valeur de l'euro par rapport au dollar.

CHAPITRE 24

Un prince mélancolique

Le car revenait de Menton vers Nice en prenant la Corniche inférieure et l'arrêt à Monaco était incontournable.

incontournable
which cannot be avoided

JENNY: On peut y rester quelques heures, il y a tant
5 de choses à visiter d'après mon guide.

ISABELLE: Oui, s'il y a un autre car ce soir.

Justement, le dernier car pour Nice partait à 20 heures. Elles avaient quatre heures devant elles.

ISABELLE: On a le temps de visiter le Palais et le
10 Jardin exotique.

JENNY: Tu sais qu'il y a un musée océanographique ◆
extraordinaire ? Notre prof de biologie nous en a
parlé.

océanographique
dealing with oceans

ISABELLE: Il faut choisir, on ne peut pas tout voir en 4
15   heures ! Tu ne veux pas voir des princes et des
princesses ?

JENNY: D'accord, allons d'abord au Palais.

Mais là, quelle déception ! La cour, devant le Palais,
était noire de monde, des touristes, des cars entiers de   noir de monde
20 touristes et encore des touristes...   *extremely crowded*

ISABELLE: Quelle horreur ! Tout ce monde !

JENNY: Et le Palais, quelle déception: on dirait
Disneyland. Tu veux vraiment le visiter ?

ISABELLE: Non merci, je change d'avis... Même si un
25   prince m'attendait !

JENNY: Alors on a le temps d'aller au musée, regarde,
on peut traverser le Jardin pour y aller.

Il y avait beaucoup moins de monde et le jardin sen-
tait bon, les fleurs, les plantes, les arbres. Appuyées au
30 parapet elles admiraient la vue du port avec ses
maisons collées les unes contre les autres, accrochées   collé(e) *stuck*
aux rochers. Quelqu'un d'autre, à côté d'elles, admirait
la vue. C'était un homme d'une quarantaine d'années,
le front légèrement dégarni, au visage ouvert et sym-   dégarni(e) *baldish*
35 pathique. Isabelle le regardait fixement.

L'HOMME, en souriant: C'est beau, n'est-ce pas ?

JENNY: Magnifique ! Bien plus beau que cet horrible
palais avec tous ces touristes.

L'HOMME, tristement: Oui, c'est vrai, il y a tant de
40   monde, c'est difficile de trouver un peu de paix.

ISABELLE, avec hésitation: Vous... vous habitez ici ?

L'HOMME: Oui, en effet, j'habite ici, sur ce rocher.

JENNY: Je vous envie, c'est si beau, mais en même
temps je vous plains : tout ce monde !

45 L'HOMME: Et vous, vous êtes Américaine, n'est-ce pas ?

JENNY: Oui, vous avez reconnu mon accent ?

L'HOMME, encore plus tristement: Vous parlez très bien... mais l'accent américain, je le reconnais toujours, il me va droit au cœur.

50 ISABELLE: Votre visage m'est familier, vous n'êtes pas...

L'HOMME, mettant un doigt sur ses lèvres: Chut...

JENNY, ne comprenant pas: Vous vous connaissez ?

L'HOMME: Non, pas vraiment. Alors, mesdemoiselles,
55 puisque vous détestez le Palais, qu'est-ce que vous allez visiter ?

JENNY: Le Musée Océanographique ◆ J'en rêve ! Chez moi, à Longville, mon prof de biologie m'en a parlé.

L'HOMME: Et bien, allez-y vite, il ferme à 18 heures.
60 Tenez, prenez ce papier, vous allez pouvoir entrer gratuitement. Montrez-le à la caisse.

JENNY: Ça alors, c'est drôlement sympa, n'est-ce pas Isabelle ?

Mais pendant que l'homme griffonnnait quelques
65 mots sur un petit bout de papier Isabelle semblait avoir été changée en pierre. Elle était devenue toute rouge.

L'HOMME, donnant le papier à Jenny: Tenez. Allez, au revoir, mesdemoiselles et bonne visite.

70   JENNY: Au revoir, Monsieur et merci, vous êtes trop gentil !

L'homme s'éloignait lentement et Isabelle semblait avoir soudain retrouvé l'usage de la parole.

ISABELLE: Tu sais à qui nous venons de parler ?

75   JENNY: Oui, il a mis son nom, attends, c'est Albert Grimaldi ◆. Tu le connais ?

ISABELLE: Oh, pas vraiment, c'est simplement le Prince de ce palais que tu détestes tant ! le Prince Albert de Monaco ! le fils de Grace Kelly et du Prince

80   Rainier !

QUESTIONS

A. Complétez les phrases.

1. Les deux filles ont décidé de s'arrêter à Monaco
   a) parce que le car prenait la Corniche inférieure.
   b) parce qu'il y avait beaucoup de choses à voir.
   c) parce qu'elles ne voulaient pas prendre le car de 20 heures.

2. Elles ne peuvent pas tout visiter car
   a) elles veulent voir le Prince.
   b) elles doivent aller au musée océanographique.
   c) elles n'ont pas le temps.

3. Au Palais, elles sont très déçues à cause
   a) de la cour.
   b) du Prince.
   c) des touristes.

4. En traversant le Jardin elles s'arrêtent pour
   a) admirer la vue. ✓
   b) sentir les fleurs. ✓
   c) rencontrer un homme au front dégarni.

5. l'homme semble
   a) triste. ✓
   b) joyeux.
   c) pressé.

6. Isabelle regarde l'homme fixement parce qu'elle
   a) le connaît.
   b) croit le reconnaître. ✓
   c) le trouve vieux.

7. Grâce à cet homme elles vont visiter le musée
   a) pour 18 euros.
   b) sans payer. ✓
   c) en payant moins cher.

8. En réalité l'homme
   a) habite le palais. ✓
   b) a construit le palais.
   c) ne connaît pas le palais.

B. Trouvez dans la colonne de droite la définition du mot ou des mots de la colonne de gauche. ATTENTION: il y a trop de mots dans la colonne de droite.

		a. trop tard
		b. bon marché
1. griffonner	J	c. de la mer
2. incontournable	g	d. le panorama
3. océanographique	C	e. je ne veux plus
4. je change d'avis	e	f. sans payer
5. la vue	D	g. ne peut être évité
6. gratuitement	f	h. tout à coup
7. soudain	h	i. je suis d'accord
		j. écrire vite

◆CULTURE

1. LE MUSÉE OCÉANOGRAPHIQUE

Accroché au rocher de Monaco et surplombant la mer de façon spectaculaire, c'est un musée et un centre d'activités scientifiques et éducatives de très grande importance. Créé en 1910 par le prince Albert 1er de Monaco, lui-même océanographe, il abrite des collections extraordinaires, un aquarium contenant 6000 espèces de poissons dans 90 bassins, dont un de 40 000 litres contenant un récif corallien vivant, plein de toute la faune et la flore (animaux et végétaux) tropicales. Pour nourrir tous ces animaux, le musée emploie chaque année plus de 1550 kg de poissons frais et 2700 kg de coquillages dont certains sont ramassés en plongée sous-marine chaque semaine. Jacques-Yves Cousteau a été directeur du musée de 1957 à 1988.

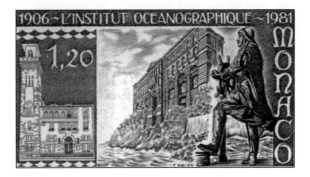

À VOUS

Trouvez d'autres renseignements sur le musée sur Internet. Qui était Jacques-Yves Cousteau?

2. LES GRIMALDI

Ce sont les souverains de la principauté de Monaco depuis 1308. Albert Grimaldi est l'actuel souverain. Il est le fils du Prince Rainier de Monaco et de Grace Kelly, l'actrice américaine.

Le palais des Grimaldi ressemble peut-être à Disneyland parce qu'il est rose, mais ses parties anciennes datent du 13e et 15e siècles.

À VOUS

Faites des recherches en français sur ces petits pays d'Europe :

La principauté de Monaco,

Andorre,

le Liechtenstein,

le Vatican,

le Luxembourg,

et comparez-les.

CHAPITRE 25

Dans le vieux Nice

Le soir même, dans le car qui les ramenait à Nice, ce n'est pas du musée que nos deux amies voulaient parler mais de cette étrange rencontre.

JENNY: Il est si gentil…

5 ISABELLE: Pourquoi pas ? Les princes ne sont pas forcément des monstres.

JENNY: Et si triste en même temps.

ISABELLE: C'est normal, pense à tous les problèmes qu'il a eus : sa mère morte si jeune, son père, ses
10 sœurs, les médias…

JENNY: Je regrette de lui avoir dit que je n'aimais pas son palais.

ISABELLE: Je suis sûre qu'il n'était pas vexé.

À 21 heures elles arrivaient à Nice.

15 JENNY: J'ai faim, les pâtes sont loin.

ISABELLE: Moi aussi. On est tout près du Vieux Nice ◆, il y a sans doute des restaurants pas chers.

Les ruelles étroites du vieux quartier grouillaient de monde, d'une foule sympathique qui se promenait en
20 regardant les gens qui mangeaient aux nombreuses terrasses. Et soudain, sur une petite place, elles ont trouvé ce qu'elles cherchaient : le restaurant du Gesu, devant l'église du même nom, où elles ont pu manger de délicieux farcis niçois ◆, des tomates, des cour
25 gettes, des poivrons, des aubergines remplies d'une farce savoureuse, à un prix fort raisonnable.

grouiller to swarm, be crowded

farcir to stuff

savoureux (-euse) tasty

JENNY: Il nous reste combien de jours avant le rendez-vous en Camargue ?

ISABELLE: Attends, il faut compter. Alain et Martine
30   nous attendent le 12 août.

JENNY: Oui, pour être sur place le jour de la Féria du taureau. Donc, aujourd'hui, nous sommes le... le combien ? J'ai perdu le fil des jours.

ISABELLE: Moi, j'ai la date sur ma montre. Nous
35   sommes le 6.

JENNY: Il nous reste donc 5 jours. Ces vacances sont simplement géniales ! Tu ne trouves pas ?

ISABELLE: Evidemment, mais, quand nous sommes toutes les deux, les vacances sont toujours géniales !

40   JENNY: Hum, j'ai trop mangé.

ISABELLE: Moi aussi, on va nager à l'hôtel avant de se coucher ?

JENNY: Excellente idée, mais il faut digérer un peu avant.

45   ISABELLE: On a bien une demi-heure de marche pour arriver au Négresco, tu vas pouvoir digérer!

JENNY: Qu'est-ce qu'on fait demain ?

ISABELLE: Tu as entendu parler de Saint-Paul-de-Vence ?

50   JENNY: Oui, il y a le musée Picasso.

ISABELLE: Non, le musée Picasso est à Vallauris.

JENNY: En tout cas, sur une petite place il y a une sculpture de Picasso, une chèvre. Je l'ai vue dans mon livre de français et il y a la même au Musée
55   d'Art Moderne de New York.

ISABELLE: On peut faire les deux villes et voir la Fondation Maeght, tu sais, ce musée extraordinaire dont Cyril nous a parlé à Avignon.

JENNY: Et bien, c'est d'accord : après les pâtes, les
60   princes et les farcis niçois, il faut nourrir notre esprit.
Je déclare demain : JOURNÉE CULTURELLE.

QUESTIONS

A. Répondez aux questions suivantes avec une phrase complète :

il est célèbre - grande histoire

1. Pourquoi les deux amies veulent-elles parler de leur rencontre avec
le Prince de Monaco ? *Jenny regrette qu'elle ait dit*
qu'elle n'a pas aimé le palais

2. Qu'est-ce que Jenny regrette ?

3. Dans quel quartier de Nice vont-elles dîner ? Pourquoi ? *Vieux Nice*

4. Dites ce qu'elles ont mangé. *farci niçoise*

5. À quelle date doivent-elles arriver en Camargue ? Pourquoi à cette
date-là ? *Le jour de la féria du taureau*

6. À l'hôtel, avant de se coucher, que vont-elles faire ? *nager*

7. Quelle photo d'une œuvre de Picasso se trouve dans le livre de
français de Jenny ? *Une chevre de Picasso*

8. Quels musées vont-elles voir le lendemain ?
musée Picasso / Maeght

B. ASSOCIATION D'IDÉES. Complétez les phrases avec un des
mots suivants.

palais	Vieux Nice	Féria	piscine
Vallauris	Avignon	Saint-Paul-de-Vence	

1. Cela se passe en Camargue, la _Féria_

2. Cyril est encore à _Avignon_

3. On peut nager dans la _piscine_

4. Il y a des rues étroites dans le _Vieux Nice_

5. Le prince habite dans son _palais_

6. Le Musée Picasso est à _St Paul de Vence_ _Vallauris_

7. La Fondation Maeght se trouve à _____.

◆ Culture

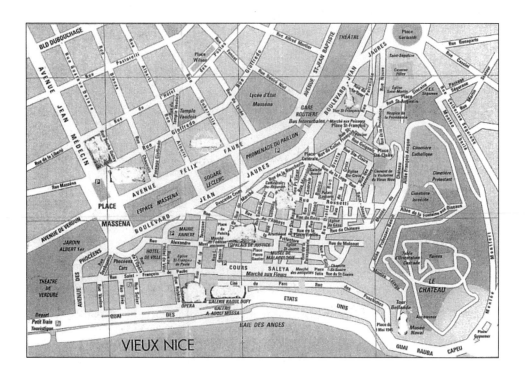

1. LE VIEUX NICE

La vieille ville s'étend à l'est de la ville moderne entre la mer, le château ou tout au moins la colline où il était situé, et le torrent du Paillon. Les rues étroites, souvent en pente raide, entrecoupées d'escaliers, sont bordées de hautes maisons pittoresques des 17e et 18e siècles, avec des fleurs partout et du linge séchant aux fenêtres. Le marché aux fleurs offre tous les jours un spectacle parfumé de fleurs de toutes sortes et de toutes les couleurs.

Le quartier a de nombreuses vieilles églises baroques où l'on donne des concerts en saison, dont la cathédrale Sainte-Réparate de 1650, l'église du St-Suaire, la chapelle des Pénitents Rouges et l'église du Gésu.

2. LA LAVANDE DE PROVENCE

La lavande est cultivée dans toute la région, c'est l'or bleu. Quand elle est en fleurs, l'odeur de lavande se répand partout. En juillet et août, la Route de la Lavande permet de voir des champs bleu violet

magnifiques et d'acheter toutes sortes de produits à la lavande. On la ramasse pour faire du parfum bien sûr, mais aussi pour la faire sécher. Les Français aiment mettre des petits sachets de lavande dans leurs armoires, pour donner une bonne odeur au linge de maison. On l'emploie aussi en cuisine ; on fait de la vinaigrette à la lavande pour les salades et de la crème brûlée à la lavande.

3. RECETTE DES PETITS FARCIS NIÇOIS

pour 4 personnes:
4 tomates pas très grosses
4 courgettes (*zucchini*) de 4 à 5cm de diamètre
4 aubergines longues de la même taille
½ tasse d'huile d'olive
1 onion, hâché
250 grammes de chair à saucisse (*sausage meat*) et/ou d'agneau hâché
poivre, herbes provençales,
1 gousse d'ail
1 tasse de chapelure (*breadcrumbs*) fraîche
¼ tasse de parmesan râpé (*grated*)
1 ou 2 œufs
(peut se faire également avec des poivrons)

- Couper le haut des tomates et avec une petite cuilller videz les tomates sans les briser. Garder la chair. Saler l'intérieur et placer les tomates à l'envers sur une serviette en papier.

- Couper les extrémités des courgettes et des aubergines, et les couper en 2 ou 3 morceaux. Évidez-les (*hollow*) sans les percer. Garder la chair.

- Remplir une grande marmite d'eau et faire bouillir. Mettre les courgettes et les aubergines dans l'eau et cuire à petit feu pendant 3 minutes. Plonger les légumes dans une marmite d'eau froide, puis les égoutter (*drain*).

- Hâcher la chair réservée des légumes ; faire chauffer de l'huile d'olive dans une poêle à feu bas, y faire cuire l'onion pendant 10 minutes, ajouter les légumes hâchés et cuire en remuant pendant 10 minutes. Y mélanger les viandes, le parmesan, les fines herbes, l'ail, sel et poivre, la chapelure fraîche, puis un œuf battu (2 si la farce est trop sèche). Bien mélanger.

- Mettre les tomates, les aubergines et les courgettes verticalement dans un plat à four, mettre dans chacune un peu de sel et d'huile d'olive, puis les remplir avec la farce. Saupoudrer d'un peu de chapelure et d'huile. Faire cuire à four moyen (350°) avec un peu d'eau chaude dans le fond du plat pendant 30 minutes.

- Les petits farcis se mangent chauds ou froids; ils peuvent être faits sans viande ou avec un reste de viande rôtie ou braisée. On peut aussi les servir avec une sauce tomate fraîche.

4. LES PEINTRES DE NICE

Les peintres adorent la Provence et sa lumière. De nombreux peintres ont vécu à Nice, parmi lesquels Henri Matisse, Auguste Renoir, Marc Chagall, Raoul Dufy dont on peut admirer les œuvres en divers musées et galeries.

CHAPITRE 26

Une journée culturelle

Le car partait pour Saint-Paul-de-Vence ◆ à 9h30 du matin et nos deux amies entraient à la Fondation Maeght ◆ à 10h30. Ni l'une ni l'autre n'avait jamais vu une telle collection de peintures, de
5 sculptures, de mobiles, de statues, de mosaïques. Il était midi, elles n'avaient pas vu le temps passer.

JENNY: Mon père doit absolument venir voir ce musée, il est extraordinaire !

ISABELLE: C'est vrai, et j'adore le bâtiment et le jardin
10   plein de sculptures.

JENNY: En parlant de sculptures, j'ai très envie de voir la chèvre de Picasso dans le village, on y va ? Elle est sur une petite place avec des arbres et un escalier sur la droite. C'est charmant et romantique.

     la chèvre *goat*

15 Le village de Saint-Paul de Vence est haut perché sur une colline entourée d'oliviers, de mimosas et de palmiers. Les rues aux pavés inégaux débouchent sur de petites places ornées de fontaines.

     le pavé *paving block*
     déboucher *to end into*

JENNY: Je veux trouver la chèvre toute seule, sans
20   demander à personne.

ISABELLE: Je te suis, Mademoiselle la détective !

Une heure plus tard Jenny n'avait pas encore trouvé la chèvre ! De ruelle en ruelle, de place en place, Isabelle la suivait en riant.

25 ISABELLE: Heureusement que c'est un petit village, imagine si c'était à Nice !

172

JENNY: Arrête de te moquer de moi, je vais la trouver.

Soudain, au bout d'une ruelle terminée par une arcade, Jenny a poussé un cri:

30 JENNY: Voilà, c'est là ! La place, les deux arbres et l'escalier sur la droite, exactement comme dans mon livre !

ISABELLE: Mais, où est la chèvre ?

En effet, sur cette petite place, il n'y avait rien,
35 absolument rien et certainement pas la chèvre de Picasso !

JENNY: Quelqu'un a volé la chèvre de Picasso !

ISABELLE: Tu es folle ! C'est ridicule.

JENNY: Mais je t'assure que je reconnais l'endroit.
40   Elle était là, au milieu de la place. Tiens, regarde.

Jenny montrait, penchée sur les pavés, une marque sur le sol.

JENNY: Je suis sûre qu'elle était là, il doit y avoir quatre marques.

45 ISABELLE, en riant: C'est vrai, une chèvre a quatre pattes !

JENNY: Arrête de te moquer de moi ! Regarde, ici, et ici et encore là. Tu vois bien, on a enlevé la chèvre !

ISABELLE: Ce n'est peut-être pas du vol ?

50 JENNY: Alors, où est-elle ?

ISABELLE: On va demander.

S'approchant d'une boutique voisine de la place, Isabelle s'est adressée à l'une des vendeuses.

ISABELLE: Excusez-moi, Madame, savez-vous s'il y
55   avait une statue sur cette place ? Une chèvre, la chèvre de Picasso?

LA VENDEUSE: Ah non, je ne crois pas, je n'ai jamais vu de chèvre ici !

JENNY: Vous êtes sûre ? Vous travaillez ici depuis
60 longtemps ?

LA VENDEUSE: Oh oui, depuis plus de dix ans !

JENNY: Mais alors, mon livre, je ne comprends pas...

ISABELLE: Alors, tu es convaincue ?

Jenny regardait attentivement les trois vendeuses
65 de la boutique qui semblaient se faire des signes mys-
térieux.

JENNY: Hum, hum, viens, Isabelle.

JENNY, à voix basse: Il y a quelque chose de bizarre,
ces trois vendeuses sont étranges.

70 ISABELLE: Tu trouves ?

JENNY: Mais oui, regarde comme elles se parlent dans
la boutique.

ISABELLE: C'est assez normal, non ?

JENNY: Elles ont peut-être volé la chèvre ! Après tout,
75 un Picasso, ça coûte cher !

ISABELLE: Écoute, on va aller à l'Office du Tourisme
et on va leur demander.

L'employée de l'Office du Tourisme était formelle: il   formel(le)
n'y avait jamais eu de chèvre de Picasso à Saint-Paul   *absolutely sure*
80 de Vence. Mais Jenny n'était pas convaincue, cette
place ressemblait tellement à celle de son livre.

JENNY: Le village entier peut l'avoir enlevée, vendue
pour partager l'argent...

QUESTIONS

A. VRAI OU FAUX ? Dites si la phrase suivante est vraie ou fausse.
Si elle est fausse, donnez la bonne réponse.

1. Le car a mis une heure pour aller de Nice à Saint-Paul de Vence.

2. Les deux filles sont restées à la Galerie Maeght pendant plus de
dix heures.

3. Jenny veut voir la chèvre de Picasso. ✓

4. Le village de Saint-Paul de Vence est dans une vallée. ⨍

5. C'est un village très pittoresque. ✓

6. Jenny et Isabelle ne trouvent la chèvre nulle part. ✓

7. Jenny pense que quelqu'un l'a volée. ✓

8. Isabelle prend cette histoire très au sérieux. ⨍

9. La vendeuse de la boutique a vu la chèvre il y a dix ans. ⨍

10. L'Office du Tourisme confirme que Jenny a tort. ✓

B. LE CONTRAIRE. Trouvez, dans ce chapitre, les mots ou expressions qui sont le contraire des expressions ci-dessous.

1. toutes les deux *toute seule*

2. en demandant à quelqu'un *en parlant de*

3. c'est une grande ville. *le village*

4. Au début d'une rue *au bout d'une rue*

5. il y avait quelque chose *il n'y avait rien*

6. personne n'a volé *quelqu'un a volé*

7. s'éloignant *s'approchant*

8. j'ai toujours vu *j'ai jamais vu*

9. depuis moins de 10 ans *depuis plus de 10 ans*

10. elle regardait vaguement *attentivement*

◆CULTURE

1. SAINT-PAUL-DE-VENCE

Quelquefois appelée Saint-Paul, c'est une petite ville fortifiée établie sur un rocher qui a gardé ses remparts du 16ᵉ siècle, ses ruelles, ses vieilles maisons et ses fontaines anciennes. C'est un centre artistique qui attire les peintres, les galeries et les touristes.

2. LA FONDATION MAEGHT

C'est une fondation privée créée en 1964 par le marchand d'art Aimé
Maeght. Elle constitue un ensemble extraordinaire qui a été conçu
pour allier à un cadre de jardins méridionaux des bassins d'eau, des
bâtiments dessinés par l'architecte Josep-Luis Sert et les œuvres d'un
grand nombre d'artistes contemporains. Giacometti y a une terrasse
dallée peuplée de ses personnages filiformes; Miro y a un labyrinthe
recouvert de mosaïques. C'est un enchantement.

À VOUS

Cherchez à Internet ou dans une encyclopédie des renseignements sur la fondation Maeght. Quels artistes y sont représentés ?

CHAPITRE 27

Tout a une fin...

Isabelle et Jenny devaient reprendre le car pour aller à Vallauris◆ à 14 heures et c'est en mangeant un sandwich qu'une fois arrivées, elles se sont dirigées vers le Musée Picasso ◆ situé à l'autre bout du village.
5 Elles suivaient la rue principale bordée de boutiques de céramiques, de poteries diverses, de sculptures en argile lorsqu'Isabelle s'est soudain arrêtée et, montrant du doigt une petite place, sur la gauche, elle a été prise d'un fou rire incontrôlable.

argile (f.) clay

prise d'un fou rire
*laughing
uncontrollably*

10 ISABELLE: Jenny, regarde !

Là, au milieu d'une petite place ornée de deux arbres et d'un escalier... la chèvre, la fameuse chèvre de Picasso.

ISABELLE: Tu t'es tout simplement trompée de vil-
15   lage, ma pauvre Jenny !

JENNY: Ce n'est pas moi, c'est MON LIVRE !

ISABELLE: Mais si, c'est toi !

JENNY: Je ne connaissais même pas le nom de Vallauris ! Je t'assure, c'était marqué Saint-Paul-
20   de-Vence !

ISABELLE: Bon, si tu veux, en tout cas c'est drôle, tu ne trouves pas ?

JENNY: Non, pas vraiment, je commence à voir des voleurs partout, ce n'est quand même pas normal !

25 ISABELLE: Allez, ne dramatise pas, moi je trouve que c'est une bonne histoire !

Il y avait foule au Musée Picasso ◆ et nos deux amies ont vite été fatiguées de tous ces tableaux, pourtant magnifiques, si fatiguées que dans le car, au
30 retour, elles se sont endormies...

Il était 21 heures quand elles sont arrivées à leur hôtel.

ISABELLE: La culture, c'est plus fatigant que la plage !

JENNY: C'est vrai, on mérite bien deux jours de repos   le repos *rest*
35 complet, surtout qu'il ne nous reste plus que quelques jours de vacances !

ISABELLE: Je te propose pour demain, plage et puis...

JENNY: piscine et ensuite...

ISABELLE: plage et piscine !

40 Mais une mauvaise surprise les attendait au Négresco : une lettre du directeur qui leur demandait gentiment de quitter la chambre le lendemain. De nombreux touristes américains allaient arriver et il ne pouvait se permettre de les loger gratuitement plus
45 longtemps.

ISABELLE: Qu'est-ce qu'on va faire ?

JENNY: Il nous reste cinq jours avant le rendez-vous en Camargue, viens, on va regarder la carte et le guide.

50 Sur la terrasse de leur chambre nos deux amies se sont donc penchées sur la carte.

JENNY: Regarde, entre Nice et Toulon, il y a toute la fameuse Côte d'Azur ◆. Pourquoi ne pas l'explorer ?

ISABELLE: Juan-les-Pins, Cannes, Saint-Raphaël,
55 Saint-Tropez... Oui, pourquoi pas ?

JENNY: Tu sais, on a encore pas mal d'argent ! On peut rester dans les Auberges de Jeunesse.

ISABELLE: Pour la première fois d'ailleurs ! Tu te rends compte qu'en trois semaines de vacances, jusqu' à présent, on a réussi à rester tout le temps chez des gens ?

60

JENNY: Cyril à Avignon, Rachid à Marseille...

ISABELLE: Benoît et Martine à Aix et... le Négresco !

JENNY: Bon, on fait comme ça ?

65 ISABELLE: On a quatre jours, on va dans ces quatre villes et, à chaque fois, on couche à l'Auberge de Jeunesse.

JENNY: Et en plus, pourquoi aller seules en Camargue ? On doit, de toutes façons, passer par Marseille, regarde la carte.

70

ISABELLE: Bien sûr, on va appeler Rachid et on peut partir tous les quatre ensemble. Tu es simplement géniale !

JENNY: Bon, c'est vrai, je suis géniale ! Allez, les maillots, notre dernière soirée dans la piscine du Négresco. Viens vite !

75

QUESTIONS

A. Complétez les phrases.

1. En sortant du car, pour aller au Musée Picasso, les deux filles
   a) ont traversé le village de Vallauris. ✓
   b) se sont fait mal au doigt.
   c) ont pris un cours de poterie.

2. Le livre de français de Jenny s'était trompé
   a) d'animal.
   b) de ville. ✓
   c) de place.

3. Au musée Picasso il y avait
   a) quelques personnes.
   b) peu de monde.
   c) beaucoup de monde. ✓

4. Le lendemain elles ont l'intention de
   a) partir en vacances.
   b) se reposer. ✓
   c) se fatiguer.

5. La mauvaise surprise qui les attend, c'est que
   a) des touristes américains sont arrivés à Nice.
   b) elles doivent payer leur chambre.
   c) elles doivent quitter l'hôtel. ✓

6. Elles décident alors de
   a) sauter de leur terrasse.
   b) partir plus tôt en Camargue. ✓
   c) visiter d'autres villes.

7. Il leur reste de l'argent car
   a) elles sont riches.
   b) les Auberges de Jeunesse sont bon marché.
   c) elles ont économisé en restant chez des amis. ✓

8. Pour aller en Camargue il faut passer par
   a) Avignon.
   b) Marseille ✓
   c) Aix

B. JEU DE GÉOGRAPHIE

Trouvez les noms de onze villes et une région de France mentionnées dans le chapitre.

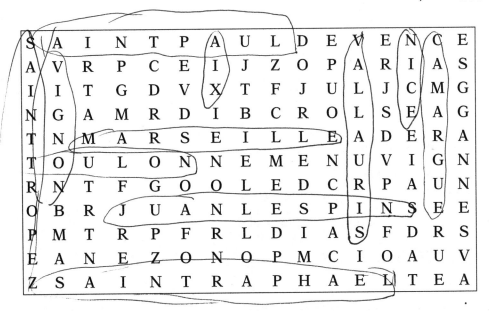

S	A	I	N	T	P	A	U	L	D	E	V	E	N	C	E
A	V	R	P	C	E	I	J	Z	O	P	A	R	I	A	S
I	I	T	G	D	V	X	T	F	J	U	L	J	C	M	G
N	G	A	M	R	D	I	B	C	R	O	L	S	E	A	G
T	N	M	A	R	S	E	I	L	L	E	A	D	E	R	A
T	O	U	L	O	N	N	E	M	E	N	U	V	I	G	N
R	N	T	F	G	O	O	L	E	D	C	R	P	A	U	N
O	B	R	J	U	A	N	L	E	S	P	I	N	S	E	E
P	M	T	R	P	F	R	L	D	I	A	S	F	D	R	S
E	A	N	E	Z	O	N	O	P	M	C	I	O	A	U	V
Z	S	A	I	N	T	R	A	P	H	A	E	L	T	E	A

◆ CULTURE

1. VALLAURIS

Centre de poterie depuis des siècles grâce aux fines argiles qu'on y trouve, on y fait des poteries culinaires employées en cuisine, en argile brune vernissée, et des poteries d'art, qui sont devenues très renommées quand Picasso s'est installé à Vallauris en 1948. Vallauris est surnommé "capitale mondiale de la céramique". Il y a des ateliers de potiers dans toute la ville.

Le Musée de la Poterie montre une reconstitution historique d'un atelier de potier ancien et explique le travail et l'art du potier avec la préparation des argiles, des vernis, le four à bois, le tournage et la décoration. Il montre aussi un atelier de potier moderne.

Le Musée national Picasso a été fondé dans les années 50. Il est situé dans un ancien monastère datant de la Renaissance. Il contient entre autre œuvres la dernière peinture monumentale de Picasso sur un thème politique : *La Guerre et la Paix*, installée dans la chapelle du musée.

2. PABLO PICASSO

Cherchez des renseignements sur la vie et l'œuvre de Picasso et, par groupe de trois ou quatre, faites un exposé devant la classe.

- sa vie
- la période bleue
- Guernica
- Parlez de ses statues, dont *La Chèvre*.
- Apportez des reproductions et commentez.

3. LA CÔTE D'AZUR

C'est la région située au bord de la mer entre Nice et Toulon. Elle doit son nom à son charme, au bleu de la Méditerranée et du ciel couleur d'azur.

CHAPITRE 28

L'auberge de jeunesse

Avant de quitter le Négresco, Isabelle et Jenny ont passé quelques moments dans la salle d'informa- **informatique** tique à lire leur courrier électronique et à envoyer *computer* quelques derniers messages à leurs parents et amis. *(science)*

5 ISABELLE, rouge de plaisir: J'ai un long message de Mark.

JENNY, malicieuse: Alors, tu lui manques ?

ISABELLE: Oui, c'est ce qu'il dit ! Il va peut-être venir à Paris pour les vacances de Noël...

10 C'est sans trop de regrets et après avoir envoyé des cartes postales du Négresco à tous les membres de leurs familles respectives qu'elles ont dit adieu au Directeur de l'hôtel, au por-
15 tier et... à Mascotte qui dormait paisi- blement dans le hall d'entrée.
Le car qu'elles devaient prendre suivait la côte. Premier arrêt prévu : Juan-les-Pins◆. Il y avait un monde
20 fou dans la ville et sur la plage ; l'Auberge de la Jeunesse était pleine, pas de chambre.

ISABELLE: Qu'est-ce qu'on fait ?

JENNY: On va à Cannes◆. Il y a trop de monde ici !

25 ISABELLE: Et oui, on a pris de mauvaises habitudes...
Sur la plage « privée » du Négresco, c'est vrai, il y avait moins de monde...

La même chose s'est reproduite à Cannes. Un monde fou, Auberge pleine, pas de chambre...

30 ISABELLE: Attends, on ne va pas passer tout notre temps à prendre le car quelque part, nous arrêter, porter nos sacs et repartir ! On va téléphoner avant...

JENNY: Mademoiselle l'organisatrice, il fallait le faire 35   dès le début !

Il n'y avait pas de place à St Raphaël◆, mais par contre l'Auberge de St-Tropez◆ avait une chambre à deux lits, libre pour les quatre jours suivants. Isabelle a donc réservé ; les deux filles sont remontées dans le 40 car qui allait partir et, à 10 heures du soir, elles arrivaient, enfin, dans une adorable auberge merveilleusement située au pied de la Citadelle.

Elles étaient trop fatiguées pour ressortir et ce n'est que le lendemain matin qu'elles ont découvert le petit 45 port dont Jenny est aussitôt tombée amoureuse.

ISABELLE: Et pourtant il y a aussi beaucoup de monde ! Il faut dire que c'est le village le plus célèbre de la Côte d'Azur !

JENNY: Oui, bien sûr, à cause de Brigitte Bardot, tu 50   sais, l'actrice mythique des années soixante. Ils en parlent dans le guide. Regarde tous ces jeunes et ces cafés, ces restaurants, il y a même des discothèques et, dans le port, ces merveilleux yachts à côté des bateaux de pêche !

55 ISABELLE: Si je comprends bien, il y a quatre plages : la plage de la Bouillabaisse, celle des Graniers, celle de Tahiti et celle de Pampelonne.

JENNY: Puisqu'on va rester ici quatre jours, on peut aller chaque jour à une plage différente !

60 ISABELLE: D'accord, aujourd'hui on va à Tahiti, j'adore ce nom !

JENNY: Va pour Tahiti...

La plage était loin d'être vide, même à 10 heures du matin, mais nos deux amies ont quand même pu trou-
65 ver un endroit pour étaler leurs serviettes. Elles avaient apporté de la lecture, des magazines et, pour Jenny, *L'Étranger*, qu'elle n'avait pas terminé.

étaler to spread

JENNY: Dis-donc, nous n'avons pas beaucoup lu pendant ces vacances !

70 ISABELLE: Évidemment, nous étions toujours occupées ou bien avec Luc et Rachid.

JENNY: Et au Négresco, le soir, on s'endormait trop vite...

ISABELLE: Et bien, nous avons quatre jours devant
75 nous... On peut lire tranquillement, ici, nous ne connaissons personne !

Hélàs, c'était sans compter avec tous ces jeunes, venus de tous les pays d'Europe pour s'amuser à Saint-Tropez, rencontrer d'autres jeunes, le jour à la
80 plage et le soir dans les cafés ou les discothèques !

Dès le premier jour, sur la plage de Tahiti, deux jeunes Allemands, étudiants à l'université de Tübingen◆, ont ainsi engagé la conversation avec nos deux amies, parlant études, littérature, musées, expo-
85 sitions, cinéma... Ils étaient fort sympathiques, surtout Hans, l'étudiant en architecture...

engager la conversation to start a conversation

C'était du moins l'avis de Jenny !

QUESTIONS

A. Répondez aux questions suivantes.

1. Nommez les trois choses qu'elles ont faites avant de quitter le Négresco.

2. Pourquoi un TGV ne peut-il pas suivre la côte ?

3. Que s'est-il passé à Juan-les-Pins et à Cannes ?

4. Quelle est, finalement, l'idée intelligente d'Isabelle ?

5. Pourquoi ont-elles choisi d'aller à Saint-Tropez ?

6. Nommez tout ce qu'on peut trouver dans ce petit port.

7. À quelle plage vont-elles et pourquoi ?

8. Expliquez ce qu'elles avaient l'intention de faire sur la plage et dites pourquoi les choses se sont passées autrement.

B. Complétez le résumé du chapitre où les prépositions manquent. À vous de les remettre. Choisissez parmi les prépositions suivantes.

à   avec   dans   d' / de   pour   sans

Les deux filles doivent quitter le Négresco. Elles prennent le car et partent __1__ avoir réservé de chambre. Malheureusement __2__ elles, il n'y a pas de place __3__ l'Auberge de Jeunesse __4__ Juan-les-Pins. Elles pensent éventuellement __5__ téléphoner __6__ l'avance et c'est __7__ Saint-Tropez qu'elles vont aller. Elles sont heureuses __8__ se trouver __9__ ce petit village pittoresque, mais elles n'avaient pas prévu __10__ y rencontrer d'autres jeunes __11__ qui elles sympathisent vite.

CULTURE

1. SAINT-TROPEZ

C'est un pittoresque petit village de pêcheurs rendu célèbre, dans les années 60, par la présence de nombreux artistes, acteurs, actrices, dont Brigitte Bardot qui a connu un grand succès pendant des années. Elle est allée habiter à Saint-Tropez ; éventuellement elle s'est passionnée pour la cause de la protection des animaux, y compris les baleines et les visons.

2. CANNES, SAINT-RAPHAEL, JUAN-LES-PINS

Cherchez des renseignements sur ces villes de la Côte d'Azur sur Internet ou dans une encyclopédie. Que savez-vous du Festival de Cannes ? Savez-vous que le cinéma est né en France ? En 1895, Louis Lumière a présenté à Paris les premières projections animées et le premier studio y a été créé en 1897.

Faites une présentation orale à la classe ou écrivez une composition d'une page.

3. L'UNIVERSITÉ DE TÜBINGEN

C'est une des universités les plus célèbres d'Allemagne. Elle est située à 40 kilomètres de Stuttgart et a été fondée en 1078. Elle offre une grande variété de cours ; c'est une université de « tous les savoirs » , ouverte également au grand public. La ville elle-même grouille d'étudiants et offre une grande diversité d'activités culturelles.

Beaucoup d'universités françaises ont des rapports étroits avec celle de Tübingen, notamment l'université d'Aix-en-Provence qui est jumelée (*paired*) avec elle. Le jumelage est une association organisée par les mairies entre deux villes pour favoriser des échanges culturels, scolaires et touristiques.

Depuis quelques années les étudiants en Europe font souvent un ou deux ans de leurs études universitaires dans un autre pays d'Europe. Le système L.M.D : licence, master, doctorat fonctionne dans toute l'Europe. (Voir chapitre 33)

CHAPITRE 29

De Saint-Tropez
à la Camargue

Hans et son ami Peter étaient un peu trop timides pour inviter leurs nouvelles amies à passer la soirée avec eux. C'est pourquoi, le lendemain matin, quand Isabelle a proposé d'aller à la plage de la
5 Bouillabaisse, comme c'était prévu, Jenny a longuement insisté pour retourner à Tahiti.

JENNY: C'est tellement chouette, l'eau est d'une pureté extraordinaire !

ISABELLE: Ouais, ouais... et, surtout, on y rencontre
10 des gens sympathiques !

      ouais *(coll) yes (mocking)*

Les deux garçons avaient pensé la même chose sans doute car ils étaient à la plage eux aussi, au même endroit !
La deuxième journée s'est donc passée de la même
15 façon que la première : bains de mer, conversations... Et c'est Jenny qui a proposé que tous se retrouvent au Café du Port, le soir même.
Il y avait un concert de jazz au pied des remparts. Hans et Jenny se sont découvert une passion pour le
20 jazz...
Le soir, Isabelle ne pouvait s'empêcher de taquiner Jenny.

      taquiner *to tease*

ISABELLE: Que c'est étrange cet amour soudain du jazz !!!

25 JENNY: Mais pas du tout, Mademoiselle, ce n'est pas « soudain » comme tu dis !

ISABELLE: Écoute, c'est vrai, il est très sympa...
Pardonne-moi !

Jenny avait rougi, mais, au fond, elle savait
30 qu'Isabelle comprenait !
Les deux derniers jours ont passé très rapidement...
Les jeunes gens se sont promenés sur les remparts de
la Citadelle, ont admiré la vue sur la ville, le golfe de
Saint-Tropez et les montagnes des Maures et de l'Esterel
35 au loin. Ils ont visité le joli musée de l'Annonciade
plein de belles peintures de Matisse et autres
tropéziens d'adoption. Ils ont passé des heures à la
plage et ils ont dîné d'une excellente soupe de poisson
et d'un loup grillé au fenouil dans un petit restaurant
40 du port.

le loup mediterranean bass
le fenouil fennel

Le dernier jour nos deux amies sont reparties pour
Marseille où Rachid et Luc les attendaient pour aller
en Camargue. Hans et Peter devaient repartir pour
l'Allemagne. Jenny était toute triste.

45 JENNY: Je n'ai plus vraiment envie d'aller en
Camargue !

ISABELLE: Tu es ridicule ! Il part, lui aussi...

JENNY: Je sais, je sais.

ISABELLE: Et puis, il t'a donné son adresse électro-
50 nique, et même son numéro de téléphone !

JENNY: Il est formidable, tu ne trouves pas ?

ISABELLE: Ah là, là, les filles et les garçons, c'est toujours la même histoire !

Le temps d'arriver à Marseille, Jenny avait retrouvé
55 sa bonne humeur. Rachid et Luc les attendaient à la
gare. Rachid avait emprunté la voiture de sa mère
pour aller en Camargue.

RACHID: Alors, les filles, ce voyage ?

ISABELLE: Attends, on a des choses incroyables à vous
60 raconter !

JENNY: On a arrêté un voleur à Nice.

ISABELLE: Et grâce à ça nous sommes restées au Négresco gratis.

JENNY: Et on a rencontré le Prince de Monaco...

65 ISABELLE: Et Jenny a perdu la chèvre de Picasso, mais elle est tombée amoureuse de l'Allemagne !

LUC: Allez, montez en voiture, vous allez nous raconter tout cela en détail !

RACHID: On part directement, vous êtes d'accord ?

70 ISABELLE: Oui, tu as appelé Alain et Nicole ?

RACHID: Ce matin. Ils sont rentrés de leurs vacances et ils nous attendent.

JENNY: Ils sont contents de leur voyage ?

RACHID: Oui, je crois, ils vont nous raconter.

75 Après avoir contourné l'Étang de Berre et pris un bac qui traversait le Rhône à Barcarin, nos amis sont arrivés en Camargue◆. Il fallait encore remonter vers l'Étang de Vaccarès et Albaron où habitaient leurs amis.

le bac *ferry*

80 Vers 17 heures, et après avoir rencontré un groupe de flamants roses, mais, à leur grand regret, aucune horde de chevaux sauvages, ils sont arrivés au mas d'Aldébaran, la ferme où les attendaient Alain et Nicole.

le flamant *flamingo*

85 ALAIN: Salut les jeunes, vous arrivez juste à temps pour la « Manade » !

la manade *herd of horses or bulls*

QUESTIONS

A. VRAI ou FAUX ? Dites si la phrase suivante est vraie ou fausse. Si elle est fausse, donnez la bonne réponse.

1. Les deux Allemands sont très audacieux.

2. Jenny veut retourner à la même plage pour revoir Hans.

3. Hans et Jenny n'ont rien en commun.

4. Isabelle se moque gentiment de son amie. ✓

5. Après ces quatre jours Jenny est heureuse d'aller en Camargue. F

6. Jenny ne va plus jamais pouvoir communiquer avec Hans. F

7. Les deux filles retrouvent Rachid et Luc à Marseille. ✓

8. Ils ont traversé le Rhône sur un joli pont de pierre. F un bac

9. Ils ont vu beaucoup de chevaux sauvages. F

10. Alain et Nicole les attendent au mas d'Aldébaran. ✓

B. EXERCICE ORAL. Par groupe de quatre élèves.

Deux élèves sont Jenny et Isabelle et elles racontent les quatre aventures mentionnées dans ce chapitre à deux élèves qui jouent le rôle de Luc et de Rachid. Ces derniers doivent poser des questions et imaginer qu'ils ne connaissent pas ces histoires !

◆CULTURE

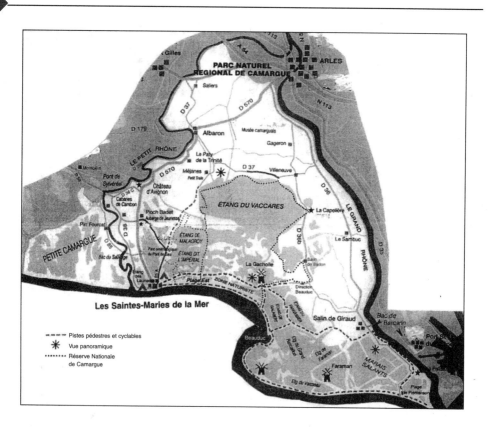

1. LA CAMARGUE

Cherchez le mot « Camargue » sur Internet ou dans une encyclopédie ou un guide touristique et trouvez des détails sur la géographie et l'histoire de la Camargue. Où a-t-on construit des digues, la Digue à la mer, et les digues du Rhône, vers 1860, et pourquoi ont-elles été construites ?

2. LE PARC NATUREL RÉGIONAL DE CAMARGUE

Trouvez également des renseignements sur ce parc qui a été créé en 1970. Quelles en sont les limites sur terre et dans la mer ? Pourquoi a-t-on créé ce parc ? Où peut-on y marcher ?

Qu'est-ce qu'on fait pousser dans les rizières ? Qu'est-ce qu'on récolte dans les marais salants ?

Quels animaux voit-on en Camargue, sur terre et dans l'air? D'où viennent les oiseaux migrateurs qui s'installent en Camargue en hiver ou au printemps et en automne ?

3. DES RÉSERVES SPÉCIALISÉES permettent l'étude des oiseaux et des environnemnts spéciaux à la Camargue.

CHAPITRE 30

La Camargue

Une « manade », c'est vraiment un troupeau de taureaux ou de vachettes, ou de chevaux, qu'on a « en main », c'est à dire qui est gardé par un « gardian » à cheval. Le propriétaire de la manade est le « manadier ».

la vachette *young calf*

Alain était donc vêtu comme un gardian typique : chapeau de feutre à large bords et trident à la main (une longue fourche à trois dents courtes). Il allait partir, avec Nicole et deux autres gardians pour sélectionner six taureaux qui allaient participer à la Féria des Saintes-Maries-de-la-Mer.

le feutre *felt*

ALAIN: Allez, venez avec nous.

NICOLE: Vous savez monter à cheval ?

monter à cheval *to ride a horse*

RACHID: Euh, pas vraiment...

JENNY: Moi non plus, je ne suis montée à cheval que l'autre jour, à Aix, derrière Martine !

ISABELLE: Moi je sais, j'ai fait de l'équitation à Rouen.

LUC: Et moi aussi, j'ai fait du cheval chez mes grands-parents, pendant les vacances, en Normandie.

faire du cheval *to ride a horse*

ALAIN: Alors, c'est simple, vous deux, vous prenez un cheval, tenez, là-bas ; les deux autres, montez derrière Nicole et moi.

Jenny est donc montée derrière Nicole sur un cheval gris, petit, rustique et musclé, un cheval typique de Camargue ◆.

196

JENNY: C'est le petit-fils d'Ulysse ?

NICOLE, en riant: Non ! Ulysse était trop vieux pour avoir des enfants...

30   Ils sont partis vers le troupeau qu'on voyait au loin.

RACHID: Pourquoi est-ce que vous sélectionnez des taureaux ◆?

ALAIN: Pour la féria d'après-demain.

LUC: C'est une corrida ?   la corrida *bullfight*

35 ISABELLE: Oh non, je ne veux pas voir ça !

NICOLE: Non, nos taureaux ◆ ne sont pas bons pour les corridas, c'est une petite race. Ils vont participer à la course à la cocarde et à l'abrivado.   la cocarde *rosette of ribbons*

ISABELLE: On va les tuer ?

40 ALAIN: Non, pas du tout. Pendant la course à la cocarde les « razeteurs » doivent enlever les cocardes, des rubans si tu veux, qui sont collés sur le dos du taureau.

LUC: C'est dangereux ?

45 NICOLE: Oui, les razeteurs sont des professionnels !

JENNY: Alain, tu es razeteur ?

ALAIN: Bien sûr, j'ai grandi au pays, c'est normal !

ISABELLE: Et l'abrivado ? Qu'est-ce que c'est ?

NICOLE: C'est beaucoup moins dangereux et tout le
50   monde peut le faire.

JENNY: Moi aussi ?

ALAIN: Euh, pas vraiment, ce sont les garçons qui participent !

JENNY: Quel sexisme ! Je suis aussi forte qu'un garçon !
55   Qu'est-ce qu'il faut faire au juste ?   au juste *exactly*

ALAIN: Les taureaux sont lâchés dans les rues de la   lâcher *to let loose*
ville, entourés par les gardians et le public doit
essayer de les toucher ou même de les attraper.

LUC: C'est comme en Espagne alors, comme à
60   Pampelune ?

NICOLE: Oui, à peu près...

ISABELLE: Et bien, moi, cette fois-ci, je suis pour le
sexisme ! Je n'ai aucune envie d'attraper un taureau...

65 JENNY: À vrai dire, moi non plus...

RACHID: Mais nous, Luc et moi, on peut le faire ?

ALAIN: Pourquoi pas, vous courez vite ?

LUC: Euh, moyen...

RACHID: Allez Luc, tu ne vas pas te dégonfler....

70 LUC: Bon, c'est entendu, on fera l'abrivado ! Mais si
je reçois un coup de corne, c'est toi qui l'expliqueras
à ma mère !

*à vrai dire to tell the
truth*

moyen(ne) average

*se dégonfler (fam.)
to lose one's
nerve*
*c'est entendu all
right*
la corne horn

QUESTIONS

A. Complétez d'après le texte.

    1. une manade, c'est
      a) un troupeau. ✓
      b) un gardien.
      c) un cheval de Camargue.

    2. Rachid et Jenny montent derrière Alain et Nicole car
      a) ils ont peur.
      b) c'est plus amusant.
      c) ils ne savent pas monter à cheval. ✓

    3. En Camargue, les chevaux sont
      a) grands et musclés.
      b) petits et blancs.
      c) gris et petits. ✓

4. En comparaison avec une corrida, la course à la cocarde est
   a) plus cruelle.
   b) moins cruelle. ✓
   c) aussi cruelle.

5. Pour participer à l'Abrivado il faut
   a) être professionnel.
   b) courir vite. ✓
   c) être jeune.

6. Jenny est tout d'abord furieuse contre cette course à cause de
   a) son sexisme. ✓
   b) ses dangers.
   c) sa cruauté.

7. Des deux garçons, celui qui a le moins envie de participer à l'abrivado, c'est
   a) Rachid ✓
   b) Luc
   c) l'un et l'autre.

B. VOCABULAIRE. Expliquez les mots suivants, en vous aidant du texte si c'est nécessaire.

1. la manade _____ un troupeau de taureaux

2. le gardian _____ qqn qui garde chevaux vache

3. le trident _____ une longue fourche à 3 dents

4. la féria _____ une compétition où on essaye d'attraper des courbs

5. l'équitation _____ à cheval

6. un troupeau _____ un groupe de taureau

7. la cocarde _____ des rubans

8. le razeteur _____ qqn qui enlève un ruban

9. l'abrivado _____

C. GROUPES DE MOTS: trouvez les groupes de mots et reliez-les avec la préposition « à » ou « de ».

Exemple: aller *à* la plage

1. un troupeau *de* _g_   a. corne
2. un gardian *de* _d_   b. la cocarde
3. un chapeau *de* _f_   c. la féria
4. participer *à* _c_   d. vachettes
5. la course *à* _b_   e. la ville
6. les rues *de* _e_   f. feutre
7. un coup *de* _a_   g. cheval

◆ CULTURE

1. LE TOURISME ÉQUESTRE

La promenade à cheval est le meilleur moyen de visiter la Camargue : elle permet d'aller à peu près partout, même dans des endroits sauvages et difficiles d'accès ; elle permet aussi de s'approcher des animaux sans les déranger, donc de les voir librement dans leur vie habituelle, que ce soit des flamants dont l'envol est un spectacle splendide ou une horde de chevaux sauvages.

Le cheval de Camargue remonte à une race très ancienne ; c'est un cheval rustique qui est élevé en plein air sur un sol et dans des conditions uniques. Il aide les manadiers et les gardians dans leur travail de gardiennage et de triage ; il est devenu cheval de loisir après une longue formation attentive qui lui permet de transporter des enfants ou des personnes qui n'ont jamais fait de cheval en toute sécurité aussi bien que des cavaliers expérimentés prêts à galoper.

Les poulains (*colts*) sont de couleur foncée, gris brun, à leur naissance; ils deviennent gris clair, presque blancs, vers l'âge de quatre ou cinq ans.

L'Association camarguaise de tourisme équestre organise des promenades de quelques heures ou des randonnées de plusieurs jours.

2. LE TAUREAU DE CAMARGUE

C'est une race spéciale originaire d'Asie Mineure : noirs, de petite taille, pesant de 300 à 450 kg. Ils vivent en troupeaux, les manades, et leur espace va des marais aux étangs aux pâturages, ce qui conserve l'aspect traditionnel de la Camargue. Ils sont élevés pour les manifestations taurines camarguaises : course à la cocarde, abrivado et bandido qui sont des courses libres dans les rues avant ou après la course aux arènes. Ils ne sont jamais mis à mort.

Les taureaux de race « brave » ou espagnole sont beaucoup plus gros et leurs cornes sont différentes. Ils prennent part à des corridas de type espagnol.

À VOUS

Quel est votre animal préféré ? Faites un exposé de deux minutes devant la classe pour donner les raisons de votre choix.

CHAPITRE 31

Promenade en Camargue

Les taureaux, une fois sélectionnés, ont été con-
duits au mas par les deux autres gardians. Alain et
Nicole ont proposé à nos quatre amis de faire une
promenade à cheval.

5   NICOLE: De toutes façons, c'est la seule manière de
se promener par ici !

de toute(s) façon(s)
in any event

JENNY: C'est extraordinaire tous ces oiseaux, j'ai vu
des aigrettes et une cigogne noire et les marécages
me font penser à la Floride.

l'aigrette (*f.*) *egret*
la cigogne *stork*
le marécage *swamp*

10 ISABELLE: Tout à l'heure j'avais l'impression que le sol
était blanc, c'est la lumière ?

ALAIN: Non, c'est le sel. N'oubliez pas que nous
sommes dans le delta du Rhône et que la
Méditerranée a baigné toutes ces terres depuis des
15 milliers d'années.

LUC: Alors, on fait du sel par ici ?

NICOLE: Bien sûr, on pourra aller voir les salins ◆,
vous verrez, c'est extraordinaire et il y a toujours
beaucoup de flamants roses qui adorent picorer les
20 herbes salées. C'est merveilleux.

le salin *salt work*

picorer *to pick*

Après deux heures de balade dans des paysages
d'une beauté sauvage et toujours changeante, secs et
humides, blancs de sel et verdoyants, tout le monde
est rentré au mas pour le dîner : un barbecue dans la
25 cour, autour d'une grande table de bois faite spéciale-
ment pour famille nombreuse !

balade *stroll; ride*

verdoyant(e)
greening

ALAIN: Alors, demain, vous vous reposez car, la
     Féria, c'est après-demain ! Les garçons, il va falloir
     être en pleine forme !

30 ISABELLE: On peut aller visiter les Saintes-Maries ?

JENNY: Et Arles, on est tout près. J'ai vu des photos
     magnifiques dans le guide.

NICOLE: Si vous voulez, je vous emmène.

     C'est ainsi qu'après une excellente nuit nos quatre
35 amis sont montés dans la voiture de Nicole qui leur a
     fait faire le tour des sites touristiques : Salin-
     de-Giraud ◆, à l'est, où sur des milliers d'hectares de
     bassins carrés l'eau de mer s'évapore et le sel est
     empilé en des montagnes blanches ; Arles ◆, au nord,   empilé (e) *pile*
40 vieille ville romaine, avec ses arènes monumentales
     datant du 1er siècle av. J.-C., son théâtre antique et les
     multiples souvenirs du peintre Vincent Van Gogh ;
     enfin, les Saintes-Maries-de-la-Mer ◆ et son église
     forteresse qui abrite les reliques des Saintes Maries et
45 de Sara, la vierge noire, patronne des gitans.   gitan(e) *gypsy*

     Le soir, au cours du repas, Rachid a commencé à
     taquiner Luc qui, il est vrai, ne parlait pas beaucoup.

RACHID: Alors, Luc, tu ne dis rien ? Tu penses à
     demain ?

50 LUC: Je n'ai rien de spécial à dire, pourquoi ?

ISABELLE: C'est vrai, Luc, tu sembles bien silencieux.
     Tu ne vas pas bien ?

LUC: Mais enfin, laissez-moi tranquille ! Et puis, j'en
     ai assez, je vais faire un tour.

55 Tout le monde, surpris, a vu Luc quitter la table et
     partir sur le chemin des marais.   le marais *marsh*

JENNY: Je viens avec toi.

LUC: Non, j'ai envie d'être seul.

NICOLE: Vous savez, vous tous, je crois qu'il n'a pas
60   très envie de courir derrière les taureaux demain.

ISABELLE: Il ne faut pas le forcer.

RACHID: Mais je ne l'ai pas forcé !

JENNY: Si, un peu quand même !

ALAIN: Oh, laissez-le, il peut faire semblant de courir
65   et ne pas perdre la face.

perdre la face *to lose face*

RACHID: Mais moi aussi je vais peut-être faire semblant de courir...

Luc est finalement rentré, toujours aussi silencieux
et tout le monde s'est couché de bien moins bonne
70   humeur que le soir précédent.

QUESTIONS

A. Répondez aux questions avec une phrase complète.

1. Quelle est la meilleure façon de se promener en Camargue ?
2. Citez trois oiseaux qu'on peut voir en Camargue.
3. Pourquoi y a-t-il du sel sur le sol ?
4. Qu'ont-ils visité le lendemain ?
5. Le soir, au dîner, pourquoi Luc était-il silencieux ?

B. SYNONYMES. Trouvez, dans le chapitre, les mots qui veulent dire:

1. une promenade
2. se moquer gentiment
3. être déshonoré
4. ne pas ennuyer
5. obliger
6. donner l'impression

C. DANS LES DOIGTS DE LA MAIN. Trouvez les mots qui sont dans les doigts de la main.

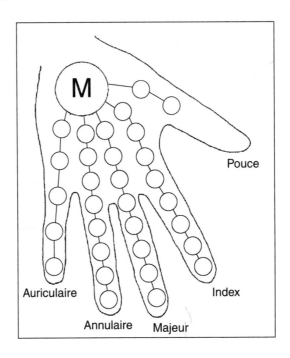

Dans le pouce : c'est une ferme en Camargue. _____

Dans l'index : le sel est empilé en _____ blanches.

Dans le majeur : il y en a beaucoup en Camargue car c'est un delta. _____

Dans l'annulaire : c'est la plus grande ville du sud de la France. _____

Dans l'auriculaire : c'est un troupeau en Camargue _____

CULTURE

1. LES PÈLERINAGES DES SAINTES-MARIE-DE-LA-MER

Chaque année, les 24 et 25 mai, les gitans (*gypsies*) viennent du monde entier pour un grand pèlerinage aux Saintes-Marie-de-la-Mer. Ils célèbrent Sara, la vierge noire, patronne des gitans le 24 mai, et le 25 mai, les Saintes Maries de la Mer (Sainte Marie Jacobé and Sainte Marie Salomé). Leurs statues sont promenées dans les rues, sur la plage, dans la mer. Les gardians à cheval entourent les statues en leur procession. La légende veut que les Saintes soient arrivées avec Sara à cet endroit sur un bateau sans voiles et sans rames où elles avaient été abandonnées. Le 26 mai est une journée dédiée à la mémoire du Marquis de Baroncelli, un manadier qui au début du 20ᵉ siècle a relancé les traditions camarguaises ; des courses de taureaux prennent place aux arènes et les taureaux sont lâchés dans les rues avant ou après la course.

Vers la fin d'octobre il y a un second pélerinage, sans les gitans, où seules les Saintes Maries sont promenées dans la ville et dans la mer, entourées des gardians.

Les ferrades (*branding of the bulls*), les courses de chevaux, les jeux des gardians et les courses de taureaux, les costumes et les danses folkloriques, la musique en font un spectacle très pittoresque.

Le reste de l'année, il y a chaque mois des férias du cheval ou du taureau comme celle qui est décrite dans ce chapitre. Pendant les férias du cheval on peut assister à des démonstrations de dressage, de triage, des concours de maniabilité (*handling*) et pendant les férias du taureau à toutes les courses de taureaux.

À VOUS

1. Recherchez qui sont les Saintes Maries ?

2. Recherchez qui sont les gitans et d'où ils viennent ?

3. Il y a des gitans célèbres ; cherchez qui est Django Reinhardt. Écoutez un de ses disques.

2. ARLES, LES SALINS ET LES SAINTES MARIES

Recherchez sur Internet ou dans un livre sur la Provence d'autres détails sur les endroits où Nicole a emmené ses jeunes amis.

Quel est l'équivalent américain d'un hectare ?

CHAPITRE 32

La Féria

L e départ était prévu à sept heures et Alain a frappé
aux portes de nos quatre amis à six heures du
matin. Nicole avait préparé le café et les tartines de
beurre salé. Luc avait retrouvé sa bonne humeur.

*la tartine long slices
of bread*

5 ALAIN: Alors, Luc, on dirait que ça va mieux !

LUC: Oui, je suis idiot, c'est vrai que j'ai un peu peur,
je peux bien le dire et, surtout, j'en ai honte !

RACHID: Mais moi aussi, j'ai peur.

ISABELLE: Alors, les garçons, ne courez pas ! C'est
10   idiot, ce n'est quand même pas obligatoire...

JENNY: Mais non, ce n'est pas obligatoire, vous n'êtes
même pas de la région, vous n'avez pas l'habitude !

ALAIN: Écoutez, vous verrez bien, attendez d'être sur
place, il y a tellement de monde !... Et, surtout, il ne
15   faut pas être macho, vous courez seulement si vous
en avez envie.

Il y avait foule aux Saintes-Maries-de-la-Mer et une
ambiance de fête avec de la musique, des Arlésiennes
en costume (jupe longue, blouse noire et fichu en

le fichu small shawl

20 coton et dentelle blanche, petite coiffe de dentelle
blanche sur les cheveux), des gardians à cheval en costume noir, des jeunes, des vieux, des enfants. Tout le
monde s'était donné rendez-vous à la Féria.

Alain, habillé de blanc comme les autres razeteurs,
25 attendait dans l'arène. Les petits taureaux attendaient
dans un enclos Place des Gitans et devaient être

*l'enclos (m.) fenced-
in area*

lâchés vers les arènes où ils allaient participer à la
course à la cocarde.

Nos amis et Nicole, mêlés à la foule, attendaient en
30 bas de l'avenue de la République.

Soudain, un nuage de poussière a envahi l'avenue :
les taureaux arrivaient. Effrayés par le bruit et les cris,
nos amis se sont réfugiés sur un petit mur d'où ils
voyaient l'arrivée des monstres.

35 RACHID: Il faut être fou pour courir après ces bêtes !

JENNY: Et Alain qui disait que ce n'était pas dangereux !

LUC: Comme ils sont beaux !

ISABELLE: Regardez là-bas, ces jeunes qui courent.

40 En effet, une vingtaine de jeunes hommes avaient
quitté la foule et se précipitaient vers les taureaux
qu'ils essayaient d'attraper.

JENNY: Ils sont fous, ils vont se faire tuer !

LUC: C'est génial ! Quelle force ! C'est terrifiant et
45 merveilleux en même temps !

Et soudain nos trois amis, stupéfaits, ont vu Luc,
transfiguré par ce qu'il voyait, presque hypnotisé,
fendre la foule, se précipiter dans la rue et, courant si
vite qu'il volait presque, se jeter quasiment sur le dos
50 d'un taureau et l'attraper par une corne. La clameur
de la foule le portait pendant que le taureau essayait
de se dégager et, ce faisant, a envoyé Luc valdinguer
contre une palissade de bois qui protégeait les spectateurs.

55 ISABELLE: Luc ! Luc !

JENNY: Mon Dieu, il est blessé !

RACHID: Quel idiot, qu'est-ce qui lui a pris ?

NICOLE: Venez le chercher, par ici...

Luc ne pouvait pas bouger mais il rayonnait de joie.

60 LUC: Vous avez vu ? Je l'ai touché ! Je l'ai presque
attrapé !

---

quasiment
  practically
la clameur *clamor /*
  shouts of the
  spectactors
ce faisant *in so*
  doing
envoyer valdinguer
  to throw
  violently
la palissade *fence*

ISABELLE: Tu es blessé ? Tu as mal ?

NICOLE: Fais voir, tu peux te relever ?

LUC: Ce n'est rien, laissez-moi, allez aux arènes,
65   sinon vous allez rater la course à la cocarde !

RACHID: Tu es fou, on ne va pas te laisser comme ça !

LUC: Laissez-moi, allez vite voir Alain, ne vous
inquiétez pas, je vous rejoins dans cinq minutes.

Mais, en réalité, Luc était incapable de se lever et
70   Nicole avait déjà appelé le SAMU sur son portable.

NICOLE: L'ambulance arrive, vous autres, allez aux
arènes, je reste avec lui.

JENNY: Mais non, tu dois aller aux arènes pour voir
ton mari ! Je reste avec Luc.

75   NICOLE: Allez, partez vite, j'ai déjà vu Alain des cen-
taines de fois ! Je n'ai pas besoin de le revoir aujour-
d'hui...

Mais une fois nos amis partis pour l'arène, le SAMU
est arrivé et Luc le téméraire s'est retrouvé à l'hôpital   téméraire *reckless*
80   avec une jambe cassée ! Oh, il n'était pas le seul et il
était en bonne compagnie : deux poignets, trois
coudes et une cheville qui, tous, appartenaient à ces
jeunes qui avaient voulu « en toucher un » !

Aux arènes l'ambiance était surchauffée : les raze-   surchauffé(e)
85   teurs, tous vêtus de blanc, s'approchaient des tau-   *overheated*
reaux à tour de rôle, comme des toréadors et
essayaient d'enlever les rubans, les parures qui déco-   la parure *ornament*
raient la tête, les cornes et le dos des animaux. Alain
était merveilleux à regarder et, de loin, c'était lui le
90   meilleur de la Féria.

JENNY: Quel dommage, Nicole ne peut pas le voir !

RACHID: Je pense qu'elle l'a déjà vu. Il doit gagner
chaque année.

ISABELLE: En tout cas ce n'est pas mon spectacle
95   préféré. Même si on ne tue pas ces pauvres bêtes, on   inadmissible
les énerve à un point presque inadmissible !   *inadmissible*

RACHID: Heureusement que nous n'allons pas voir
une corrida alors !

JENNY: Il faudrait me payer !

100 RACHID, EN RIANT: Combien ?

JENNY: Des milliers d'euros !

ISABELLE: Même si on me payait, je n'irai pas !

JENNY: Pour 3000 euros, moi, j'irai avec les yeux
bandés et du coton dans les oreilles...

105   Le soir la Féria s'était transformée en bal populaire
où tout le monde chantait et dansait, sauf, bien sûr, ce
pauvre Luc qui, la jambe dans le plâtre, s'exerçait à   le plâtre *cast*
marcher avec des béquilles.   la béquille *crutch*

ALAIN: La tradition veut que tout le monde signe ton
110   plâtre ou y dessine quelque chose. Allez, à qui le
tour ?

QUESTIONS

A. Répondez aux questions avec une phrase complète.

   1. Qu'ont-ils mangé le matin avant de partir ?

   2. Pourquoi Alain était-il habillé en blanc ?

   3. Qu'est-ce qui a précédé les taureaux ?

   4. Rachid avait-il toujours envie de courir ?

   5. Soudain, que fait Luc ? Pourquoi ?

   6. Que se passe-t-il ensuite ?

   7. Alain avait-il du succès ?

B. VRAI ou FAUX? Dites si la phrase suivante est vraie ou fausse. Si elle est fausse, donnez la bonne réponse.

    1. Luc pleurait de douleur.

    2. C'est Nicole qui avait appelé l'ambulance.

    3. Nicole ne voulait pas aller voir son mari aux arènes.

    4. À l'hôpital, Luc était le seul blessé.

    5. L'Abrivado n'est pas un sport dangereux.

    6. Rachid, Isabelle et Jenny sont allés aux arènes voir la Course à la cocarde.

    7. Alain était excellent.

    8. Isabelle aimait beaucoup le spectacle.

    9. Isabelle et Jenny ont décidé d'aller ensuite voir une corrida.

    10. Le soir, tout le monde a dansé, même Luc.

C. SYNONYMES. Trouvez, dans le chapitre, les mots qui veulent dire:

    1. être effrayé

    2. être humilié

    3. une tranche de pain (avec du beurre ou de la confiture)

    4. traverser la foule

    5. les cris

D. Complétez ces phrases d'après le texte du chapitre.

    1. Luc était heureux d'avoir _____ .

    2. Les trois autres devaient se dépêcher pour ne pas _____ .

    3. Lux ne pouvait absolument pas _____ .

    4. Nicole n'avait pas besoin de voir _____ .

    5. À l'hôpital Luc a appris qu'il avait _____ .

    6. Aux arènes il y avait une excellente _____ .

    7. Isabelle a trouvé le spectacle _____ .

    8. Le soir, tout le monde a voulu dessiner sur _____ .

Culture

1. LES FÊTES POPULAIRES EN FRANCE

La tradition des fêtes populaires reste vivante en France. Cependant, au fil des ans, elles ont changé. Il y a encore, bien sûr, le *14 juillet* avec le défilé militaire aux Champs-Elysées, les bals dans les rues le soir et les feux d'artifice.

Il y a le *1ᵉʳ mai*, *la Fête du travail* et le muguet que l'on donne à ceux que l'on aime. *Noël* et le *Jour de l'An* ne changent guère.

Mardi Gras a perdu de son importance, même si quelques familles mangent encore des crêpes et certaines villes, Nice par exemple, continuent à avoir quelques célébrations du carnaval.

Mais depuis quelques années de nouvelles fêtes sont apparues.

Le 21 juin, jour du printemps, *la Fête de la Musique* qui dure tard le soir, avec des concerts gratuits, petits ou grands, de toutes sortes de musique, rock, jazz, pop, classique, dans les villes et les villages partout en France.

Début octobre a lieu, à Paris, *la Nuit blanche* au cours de laquelle des lieux d'expositions, des musées sont ouverts et gratuits et des manifestations artistiques ont lieu dans toute la ville toute la nuit.

Et puis, à Paris encore, le mois d'août voit venir *Paris-Plage* : les quais de la Seine sont transformés, remplis de sable, de pelouses , de fauteuils de jardin, de chaises-longues et les Parisiens peuvent s'imaginer au bord de la mer.

2. VOYAGE EN CAMARGUE

En groupes de 3 ou 4, vous préparez des vacances en Camargue pour votre classe. Séparez les tâches : un groupe réserve l'hôtel, un autre choisit le parcours, un autre les activités, un autre les restaurants, etc... Faites des recherches sur Internet. Chaque groupe fait ensuite une présentation à toute la classe.

CHAPITRE 33

Non, pas « adieu »
mais... « au revoir ».

Leurs trois derniers jours en Camargue et, ensemble, pour Jenny et Isabelle, avaient un parfum de nostalgie : nos deux amies devaient se quitter, une fois encore. Cependant elles étaient prises par l'euphorie
5 de ces balades à cheval, des merveilleux soleils couchants à Beauduc, des soirées à rire et à discuter autour de la grande table du jardin.

le soleil couchant
setting sun

Luc s'était vite habitué à son plâtre qui était devenu une véritable œuvre d'art, remplie de signatures et de
10 dessins multicolores et, à condition qu'on l'aide, il pouvait monter à cheval !

Le dernier soir ils étaient tous tristes, même Alain et Nicole qui s'étaient bien habitués à la présence de leurs jeunes amis...

15 JENNY: Il faut venir me voir à Longville !

NICOLE: C'est bien loin pour nous.

ISABELLE: Oh, n'exagérez rien ! Paris-Chicago, c'est huit heures d'avion !

exagérer to overdo

ALAIN: Oui, mais nous ne sommes pas à Paris. Et
20 puis, il y a la manade ! Nous ne pouvons pas partir si loin !

JENNY: Mais vous venez de faire un voyage à cheval de deux semaines !

NICOLE: Oui, en Provence, dans la région. Nous
25 n'étions jamais très loin du mas !

217

ISABELLE: Alors, en somme, vous êtes prisonniers du mas, de la manade, des taureaux.... Ce n'est pas drôle !

ALAIN: C'est un choix de vie, c'est notre choix !

30   RACHID: Moi, je comprends cela, quand on a une passion, on peut tout sacrifier...

NICOLE: Mais vous, vous êtes jeunes, vous devez revenir ici en vacances...

RACHID: En tout cas, moi, je vais revenir, c'est sûr !

LUC: Et moi aussi, l'année prochaine, pour la Féria.

35   ISABELLE: Tu veux recommencer l'abrivado ? Tu es dingue !

dingue *nuts, mad*

LUC: C'était tellement génial !

JENNY: Oui, c'est formidable d'avoir la jambe cassée...

40   Le départ, le lendemain matin, était difficile et ils avaient tous du mal à retenir leurs larmes. Ils ont donc fait la route inverse et, vers midi, se trouvaient à Marseille pour un dernier déjeuner dans un des nombreux restaurants du Vieux Port.

45   ISABELLE: Et voilà, un autre été pas comme les autres !

JENNY: Oui, c'est exactement ce que je pensais.

RACHID: Pour moi, ce n'était pas tout un été, mais je dois dire qu'on a passé des moments très chouettes.

LUC: C'est vrai et je ne regrette pas ma jambe cassée ;
50   grâce à vous j'ai passé quelques jours inoubliables !

ISABELLE: Vous, les garçons, rien ne vous empêche de monter me voir à Paris, je vais habiter au Trocadéro, ma tante me prête son appartement.

LUC: Pourquoi pas pour les vacances de Noël ?

55   RACHID: Le 1er janvier à la Tour Eiffel, ce doit être pas mal du tout...

JENNY: Et moi, alors, toute seule à Longville !

ISABELLE: Toi, ma vieille, c'est ta dernière année de lycée ! Tu vas choisir ton université et, pourquoi pas
60   la Sorbonne ?

ma vieille *my dear*

RACHID: C'est une excellente idée, on sera tous ensemble en France...

JENNY: Au fond, c'est vrai, pourquoi aller à l'université aux Etats-Unis ? Après tout, je parle français
65   couramment!

ISABELLE: Je vais me renseigner pour les inscriptions... Quelle idée fantastique !

JENNY: Et là, ce ne sera plus « un été pas comme les autres » mais, une année....

70 ISABELLE: Une vie !

Jenny devait prendre le train pour Paris où elle allait rester pour une nuit (toujours chez la tante d'Isabelle) avant de prendre son avion pour Chicago le lendemain matin. Isabelle, elle, devait prendre le train
75 pour Chamboulive où elle allait passer une semaine avec ses grands-parents.
Rachid et Luc reprenaient leur petit boulot sur le Vieux Port, histoire d'avoir l'argent de poche nécessaire pour l'année scolaire qui arrivait.
80 Les larmes coulaient sur le quai de la Gare Saint-Charles. Jenny et Isabelle ne pensaient même pas à les essuyer. Jenny, sur le pas de la porte du wagon n° 6 , essayait de sourire quand même.

ISABELLE: De toutes façons on va bientôt se retrouver !

85 JENNY: Mais oui, l'année prochaine...

ISABELLE: Je vais me renseigner pour la Sorbonne.

JENNY: Oui, mais, en fait, j'ai réfléchi...

Le train se mettait en marche.

ISABELLE: Tu as changé d'avis ? Tu veux aller à
90   l'université aux Etats-Unis ?

JENNY: Non, mais, pourquoi pas dans un autre pays d'Europe !

ISABELLE: Quel pays ?

JENNY: L'Allemagne... l'Université de Tubingen, par
95   exemple...

ISABELLE: Je vois, je vois ! Alors, ma vieille, tu n'as pas de temps à perdre...

JENNY: Je sais, je vais commencer l'allemand dès mon retour ! Adieu Isabelle...

100 ISABELLE: Mais non, pas « adieu » mais AU REVOIR!!!

QUESTIONS

A. Complétez avec l'élément qui convient.

1. Jenny et Isabelle sont très tristes car elles savent que
   a) les vacances sont finies.
   b) elles doivent quitter la Camargue.
   c) elles vont se quitter.

2. Le plâtre de Luc était devenu
   a) très beau.
   b) très pratique.
   c) très sale.

3. Nicole et Alain ne vont pas aller voir Jenny à Longville car
   a) ils ont peur de huit heures d'avion.
   b) ils doivent s'occuper du troupeau.
   c) ils n'ont pas le droit de quitter la Provence.

4. Au moment de se quitter ils ont tous
   a) ri.
   b) chanté.
   c) pleuré.

5. Isabelle va faire ses études à
   a) Longville.
   b) Marseille.
   c) Paris.

6. Jenny doit retourner à Longville pour
   a) finir le lycée.
   b) être seule.
   c) aller à l'université.

7. Rachid, Luc, Isabelle et Jenny voudraient pouvoir
   a) s'inscrire à la même université.
   b) être tous en France.
   c) aller à la Sorbonne.

8. Le matin, à la gare, au moment du départ, Jenny et Isabelle pleurent
   a) un peu.
   b) à chaudes larmes.
   c) pas du tout.

9. Dans un an, Jenny va peut-être préférer aller à l'université de Tubingen
   a) pour apprendre l'allemand.
   b) pour voyager dans un autre pays.
   c) pour revoir Hans.

10. Quand Isabelle dit « au revoir, pas adieu » à Jenny, c'est parce qu'elle sait qu'un jour les deux amies vont
    a) se quitter pour toujours.
    b) se parler.
    c) se retrouver.

B. RÉSUMÉ. Mettez dans l'ordre chronologique les titres suivants qui résument toute cette histoire.

MASCOTTE

LA PÉTANQUE

L'ABRIVADO EST DANGEREUX

RETROUVAILLES À PARIS !

UNE ACTRICE FORCÉE

EN CAMARGUE

LA CHÈVRE DE PICASSO

UNE TRISTE ET BELLE HISTOIRE DE CHEVAL

LES VOLEURS SONT ARRÊTÉS

LE GRAND VOYAGE COMMENCE

UN BIEN TRISTE PRINCE

IL FAUT ENCORE SE QUITTER !

UNE MYSTÉRIEUSE DISPARITION

L'ORAGE QUI SAUVE

ON FAIT PARFOIS DES RENCONTRES INTÉRESSANTES SUR LA PLAGE.

ON ARRIVE ENFIN À MARSEILLE

AIX-EN-PROVENCE

UNE RANDONNÉE DIFFICILE

LA VIE DE CHÂTEAU

C. JEU DE MOTS. Trouvez dans ce jeu 15 noms propres des acteurs de ce livre.

◆Culture

LES ÉTUDES UNIVERSITAIRES EN FRANCE ET EN EUROPE

Depuis quelques années les étudiants en Europe font souvent un ou deux ans de leurs études universitaires dans un autre pays d'Europe. Le système LMD (Licence, Master, Doctorat) fonctionne maintenant dans toute l'Europe, y compris en France. Toutes les études supérieures faites en Europe sont évaluées en UE (unités d'enseignement) qui regroupent des crédits, transférables d'un pays à l'autre. Un semestre d'études donne 30 crédits, en général équivalent à 5 UE. La Licence demande 180 crédits (L1, L2, L3), le Master 300 (M1, M2) et le Doctorat 480 (D1, D2, D3), donc échelonnés sur 3, 2 plus 3 années d'études. On parle de Bac+2 ou Bac+4 pour indiquer le niveau scolaire atteint par un candidat à un poste.

Les universités en France sont publiques et gratuites. Le Baccalauréat français donne droit d'accès à l'université. Plusieurs autres examens permettent d'entrer dans une université en France, dont le Baccalauréat international.

L'organisation des études universitaires est devenue plus souple : il existe de nombreux programmes bidisciplinaires et binationaux.

Les études de médecine, qui commencent directement après le Baccalauréat et prennent 9 ans pour un diplôme de médecine générale, sont très sélectives à la fin de la première année où seulement 17% des étudiants réussissent à passer en seconde année.

En dehors des universités, les études supérieures en France peuvent se faire dans des écoles spécialisées dont les plus renommées sont les Grandes Écoles qui sont très sélectives. On y accède en général sur concours (*competitive examination*) après 2 ans d'études préparatoires, ou avec un diplôme universitaire étranger et un entretien (*interview*). Certaines grandes écoles sont privées et d'autres sont publiques, mais toutes délivrent un diplôme reconnu par l'État. Les grandes écoles de management, d'ingénieurs et d'études politiques ont des contacts étroits avec des universités étrangères et délivrent souvent des diplômes doubles. Par exemple le prestigieux Institut d'Études Politiques de Paris a un partenariat avec la School of International and Public Affairs à Columbia à New York, et des écoles semblables à Londres, à Berlin, à Saint-Gall en Suisse, à Moscou et à Milan.

Le journalisme, les beaux-arts, l'architecture, l'hôtellerie s'enseignent également dans des écoles spécialisées, certaines privées, d'autres faisant partie d'une université. Là aussi il existe une coopération avec des écoles étrangères.

Il y a plus d'une douzaine d'universités dans la région parisienne qui sont accessibles sur Internet, par exemple Paris IV donne la Sorbonne (www. paris4.sorbonne.fr).

À VOUS

1. Pensez-vous que ce soit une bonne idée d'aller dans un pays étranger pour faire des études universitaires ? Qu'est-ce qui est le mieux ? trois mois ? un semestre ? un an ? la durée entière des études ? Discutez en groupes de quatre à cinq élèves et rapportez vos conclusions à la classe, en français bien sûr !

2. Si l'on fait toutes ses études universitaires à l'étranger et qu'on obtienne un diplôme d'un autre pays, y-a-t-il de grandes chances que l'on reste dans ce pays ?

3. À votre avis, est-ce que Jenny va aller à l'Université de Tubingen l'année prochaine ? Ou va-t-elle changer d'idée (et d'ami) encore une fois ?

(m.) masc.   *(f.)* fem..   *(past part.)* past participle   *(colloq.)* colloquial

à droite to the right
à gauche to the left
à l'époque at that time
à l'origine originally
abri *(m.)* shelter
d'abord first of all
d'accord agreed, okay
(s') accrocher to hang
acheter to buy
acier *(m.)* steel
actualités *(f.)* current events
adieu *(m.)* farewell
aéroport *(m.)* airport
affable pleasant
affaires *(f.)* things
affamé(e) starved
allongé(e) lying (down)
ascenseur *(m.)* elevator
(s') asseoir *(past part. **assis**)* to sit
assourdissant deafening
atelier *(m.)* workshop
attachement *(m.)* attachment
attendre to wait
attroupement *(m.)* crowd
au contraire on the contrary
au lieu de instead of
auberge *(f.)* inn
aubergine *(f.)* eggplant
aussi also, as
autour de around
autre other
autrement dit in other words
avec with
en avance early
aventure *(f.)* adventure
avoir to have
avoir envie to feel like
avoir de la chance to be lucky
avoir honte to be ashamed
avoir lieu to take place
avoir mal to be hurt
avoir peur to be afraid
avouer to admit

bac *(m.)* baccalaureate; ferry
baguette *(f.).* (thin long) bread
se baigner to go swimming
se balader to go for a walk / a ride
balancier *(m.)* pendulum
baleine *(f.)* whale
banlieue *(f.)* suburb
bas(se) low
bateau *(m.)* boat
battre to beat ; **battre son plein** to be in
  full swing
bavarder to chat
beau/belle handsome; **de plus belle**
  more than ever
bête silly; beast
bibliothèque *(f.)* library
bien good, well
bien sûr of course
bientôt soon
bijou(x) *(m.)* jewels
billet *(m.)* ticket ; bank note
bisous *(m.) (colloq.)* kiss
bizarre strange
blaguer to joke
blanc(he) white
boire to drink
bouclé curly
boulot *(m.)* job
bouger to move
bronzer to tan
broyer to grind
bruit *(m.)* noise
brun(e) brown
bruyamment noisily
bureau *(m.)* desk ; office

(se) cacher to hide
cadeau *(m.)* gift
café crème *(m.)* coffee with cream
caisse *(f.)* box
cahier *(m.)* notebook
caillou(x) *(m.)* gravel ; stone
calendrier *(m.)* calendar

225

cambrioleur *(m.)* robber
camion *(m.)* truck
canne *(f.)* cane
canoë *(m.)* canoe
car *(m.)* bus
caresser to pet
carrière *(f.)* quarry
carte *(f.)* map
ces these
se chamailler to squabble
chance *(f.)* luck
changer d'avis to change one's mind
chapitre *(m.)* chapter
charbon *(m.)* coal
château *(m.)* castle
château fort *(m.)* fortress
chaussure *(f.)* shoe
cher expensive, dear
chercher to search
cheveu(x) *(m.)* hair
cheville *(f.)* ankle
chèvre *(f.)* goat
chez at
choisir to choose
chouette great
clés *(f.)* keys
client(e) customer
cloître *(m.)* cloister
cœur *(m.)* heart ; **avoir mal au cœur** to feel sick, nauseated
colonie *(f.)* **de vacances** camp
combien how much, many
comme as
commencer to begin
commun common
commune *(f.)* town , municipality
compartiment *(m.)* compartment
compétence *(f.)* proficiency
complètement completely
(se) confondre to confuse / become confused
connaître to know
conseil *(m.)* advice
consommateur *(m.)* consumer
consterné dismayed
contourner to go around
contrairement contrary
convaincre to convince
convenir to agree
copain/copine friend

coquille *(f.)* shell
correspondant(e) pen pal
côté *(m.)* side
se coucher to go to bed
coude *(m.)* elbow
coup *(m.)* **de fil** telephone call
coup *(m.)* **de tonnerre** thunder clap
couper to cut
courir to run
courrier *(m.)* mail
cours *(m.)* course
course *(f.)* race
court(e) short
coûter to cost
cri *(m.)* scream
culinaire culinary, related to cooking

dallé tiled
début *(m.)* beginning, opening
décor *(m.)* setting
découvrir to discover
déchirer to tear
déclencher to start
décourager to discourage
découvert uncovered
défilé *(m.)* parade
dégât *(m.)* damage
déguster to taste
déjeuner (petit) *(m.)* breakfast
demander to ask
demain tomorrow
démarrer to start
dentelle *(f.)* lace
se dépêcher to hurry
dépense *(f.)* expense
depuis since
déranger to disturb
dernier (-ière) last
derrière behind
descendre *(past part.* **descendu)** to go down
désespérer to despair
déshabiller to undress
détruit destroyed
devant in front
devise *(f.)* currency
deuxième second
digue *(f.)* dike
dîner *(m.)* dinner
se disputer to quarrel

divan *(m.)* sofa
donc therefore
dorer to gild; to brown *(culin.)*
dormir to sleep
doucement softly; easy now!
douche *(f.)* shower
doué gifted
drapeau(x) *(m.)* flag
drôle funny
drôlement terribly
durer to last

(s') échappper to escape
écharpe *(f.)* scarf
éclair flash (of lightning)
éclat *(m.)* **de rire** burst of laughter
s'écraser to crash
écrivain *(m.)* writer
effectivement indeed
s'effondrer to collapse
effrayé frightened
également equally
s'éloigner to move away
embarquement *(m.)* boarding
embrasser to kiss
émerveillement *(m.)* wonderment
emmener to take along
(s') empêcher to prevent (oneself)
emprunter to borrow
en in; some
en avance early
en civil in plainclothes
en face de in front of
en plein milieu right in the middle
en retard late
enchanté(e) delighted
encore again
s'endormir to fall asleep
endroit *(m.)* place
enfermer to enclose
enfin finally
enlever to remove ; to kidnap
s'ennuyer to be bored
enseigner to teach
ensemble together
entendre to hear
entre between
entrer to enter
entretien *(m.)* interview
envoyer to send

entrecoupé intercut
à l'envers inside out
envisager to consider
épaule *(f.)* shoulder
épuisé worn out
équipage *(m.)* crew
équiper to equip
équitation *(f.)* horseback riding
escalade *(f.)* climbing
escalier *(m.)* stairs
escargot *(m.)* snail
essayer to try
essuyer to wipe
étang *(m.)* pond
États-Unis *(m.)* United States
été *(m.)* summer
étinceler to sparkle
étonnement *(m.)* astonishment
étouffé muffled
être to be
étroit(e) narrow
évidemment of course
exactement exactly
exagérer to go too far, overdo
expo *(colloq.)* show

facile easy
faire demi-tour to turn back
faire l'affaire to be just fine
faire mal to hurt
faire partie to be part
faire peur to frighten
faire semblant to pretend
faire un tour to take a walk
fait *(m.)* fact
famille *(f.)* family
faute *(f.)* fault
faux (-sse) false
fendre to split
fenouil *(m.)* fennel
ferme solid; solidly
fête name day ; festivity
fier (-ière) proud
finir to finish
fixer to set
florissant(e) flourishing
flotter to float
fois *(f.)* time
formidable great
fou/folle mad

foule *(f.)* crowd
frais fraîche fresh
frère *(m.)* brother.
frisé curled

galet *(m.)* pebble
gamin(e) kid
garçon *(m.)* boy
gare *(f.)* station
gare routière bus station
gêné(e) embarrassed
génial great, brilliant
genou(x) *(m.)* knee
gens *(m.)* people
gentil(le) nice
gentiment nicely
gesticuler to gesticulate
giboulée *(f.)* shower
gorge *(f.)* throat
gosse *(m./f.)* kid
goût *(m.)* taste
grand(e) large
grands-parents *(m.)* grandparents
gratuitement free
graver to engrave
grêle *(f.)* hail
griffonner to scribble
grimper to climb
grouiller to swarm

habiter to inhabit
hâcher to mince
haut-parleur *(m.)* speaker
haut placé important
hebdomadaire weekly
heure *(f.)* hour
de bonne heure early
heureux (-se) happy
heureusement happily
histoire *(f.)* story
honteux (-se) ashamed
horreur *(f.)* horror

idée *(f.)* idea
il y a there is
incroyable unbelievable
information *(f.)* news, information
inquiet (-ète) worried
(s') inquiéter to worry
(s') installer to settle
intention *(f.)* intent

s'intéresser à to be interested in
invité(e) guest

jeu *(m.)* game
jeune young
joie *(f.)* joy
(se) joindre to join
jouer to play
joueur *(m.)* player
jouir de to enjoy
jour *(m.)* day
journal *(m.)* paper
journée *(f.)* day
juillet *(m.)* July
justement exactly; as it happens

là there
langue *(f.)* tongue
larme *(f.)* tear
laurier *(m.)* bay leaf
lavande *(f.)* lavender
léger (-ère) light
légume *(m.)* vegetable
lendemain *(m.)* next day
leur their, (to) them
(se) lever to get up
lèvre *(f.)* lip
lien *(m.)* link
lieu *(m.)* place
ligne *(f.)* line
limonade *(f.)* lemon soda
linge de maison *(m.)* linens
lire to read
livre *(m.)* book
longer to go along
longtemps a long time
louer to rent; to praise
lunettes *(f.)* eyeglasses
lycée *(m.)* high school

maillot *(m.)* swim suit
maint many
mais but
maison *(f.)* house.
maintenant now
malgré despite
malicieux (-euse) mischievous
malle *(f.)* trunk
maman *(f.)* mom
manquer à to be missed by
marche step, walk

marcher to walk
marin *(m.)* sailor
marmite *(f.)* large pot
matin *(m.)* morning
mauvais(e) bad
méchant(e) nasty
médecin *(m.)* doctor
meilleur(e) better
membre *(m.)* member
même same, even
mensuel monthly
mère *(f.)* mother
merveilleux (-se) marvelous
mettre *(past part.* **mis)** to put ;
  se mettre à to begin to
meurtrier (-ière) murderer
mignon(ne) cute
mince slim
mise *(f.)* **en scène** staging
mobilier *(m.)* furniture
moins minus
mode *(f.)* fashion
moelleux (-euse) soft
monde *(m.)* world
monnaie *(f.)* change, money
monter to climb, to bring up
montre *(f.)* watch
moral (-aux) moral(e)
mots croisés *(m.)* crossword puzzle
moules *(f.)* mussels
moyens *(m.)* **de transport** means of
  transportation
mort(e) dead
muguet *(m.)* lilly of the valley

nager to swim
net suddenly
neuf/neuve new
niveau *(m.)* level
noir(e) black
nouer to knot
nouvelle *(f.)* news
nulle part nowhere
numéroter to number

s'occuper (de) to take care of
œuvre *(f.)* work
orage *(m.)* thunderstorm
où where
ouais *(colloq.)* oh yeah
oublier to forget

ouragan *(m.)* hurricane
ouverture *(f.)* opening

par contre on the other hand
par rapport à in relation to
paraître to appear
parapet *(m.)* railing
pareil(le) the same
parce que because
parfois sometimes
partir to leave
partout everywhere
pas *(m.)* step
passant *(m.)* passerby
passé *(m.)* past
passer to pass
patron *(m.)* boss
pâturage *(m.)* pasture
payer to pay
pays *(m.)* country
paysage *(m.)* landscape
péage *(m.)* toll
pêche *(f.)* peach ; fishing
pêcheur *(m.)* fisherman
pèlerinage *(m.)* pilgrimage
se pencher to lean
pensée *(f.)* thought
penser to think
percer to break through
perdre to lose
permis *(m.)* **de conduire** driver's license
personnage *(m.)* character
personne *(f.)* person ; nobody
petit-fils *(m.)* grandson
petits-fours *(m.)* delicate cookies
petit matin *(m.)* early morning
un peu a little
peu importe it does not matter
peut-être maybe
pied *(m.)* foot
sur place on the spot
plage *(f.)* beach
plaindre to pity
plan *(m.)* plan, map
planches *(f.)* boards, theater
plein(ne) full ; *(colloq.)* plenty ; **en plein**
  air outside
pleurer to cry
plus more
poêle *(f.)* skillet

poignet *(m.)* wrist
pointe *(f.)* point, tip
policier *(m.)* policeman
pompier *(m.)* fireman
pont *(m.)* bridge
porter to wear ; to carry
porter plainte to make a complaint
plume *(f.)* feather
portier *(m.)* doorman
poser to put down
pourquoi why
pousser to utter ; to grow
poussière *(f.)* dust
se précipiter to rush
premier (-ière) first
prénom *(m.)* first name
prendre to take
préparer to prepare
près near
présenter to introduce
presque almost
pressé(e) in a hurry
prêt(e) ready
prêter to lend
prison *(f.)* jail
prochain(e) next
profondément deeply
projeter to project
promenade *(f.)* stroll ; ride
promeneur (-euse) stroller
proposer to propose
protéger to protect
provenance *(f.)* origin ; from
provisoire temporary
puis then

quai *(m.)* quay
quartier *(m.)* neighborhood
quel(le) what
quand when
que that
quelque(s) some
quelque part somewhere
qui who, which
quitter to leave
quotidien(ne) daily

raconter to tell
rade *(f.)* inlet
ralentir to slow down
ramasser to pick up

rame *(f.)* oar
randonnée *(f.)* hike
rang *(m.)* row
rater to miss, fail
rattraper to catch up
rayonner to radiate
récif corallien *(m.)* coral reef
récit *(m.)* tale
récompense *(f.)* reward
récupérer to recover
reconstruire to rebuild
réfléchir to reflect
regarder to look at
regretter to regret
rejoindre to rejoin
relancer to start up again
(se) relever to raise; to rise
remercier to thank
se remettre to resume ; to recover
rempart *(m.)* rampart
rencontre *(f.)* meeting
rencontrer to meet
se rendre compte (de) to realize
renfort *(m.)* reinforcement
renommée *(f.)* reputation
rénover to renovate
repasser to pass by again ; to iron
repartir to leave again
repertoire *(m.)* repertory
répétition *(f.)* rehearsal
réponse *(f.)* answer
repos rest
se reposer to rest
réplique *(f.)* reply
reprendre to resume
reprise *(f.)* revival; time
ressortir to go out again
rester to remain
retard *(m.)* delay
retenir to retain
de retour back
retourner to return
retrouvailles *(f.)* meeting again
(se) retrouver to find, meet again
(se) réveiller to wake up
rez-de-chaussée *(m.)* ground floor
rien nothing
rire to laugh ; *(m.)* laughter
rizière *(f.)* rice field
rougir to blush

rouler to roll
rouspéter (*colloq.*) to complain
ruelle (*f.*) alley

sac à dos (*m.*) back pack
sachet (*m.*) small package
salle (*f.*) **d'informatique** computer room
en sang bloody
sanglot (*m.*) sob
santé (*f.*) health
savoir (*m.*) knowledge ; to know
sauf except
au sec (in a) dry (place)
sécher to dry
au secours help
séjourner to stay
sembler to seem
sentier (*m.*) path
sentir to feel
servir to serve
serviette (*f.*) towel
se serrer la main to shake hands
seul(e) alone, single
siège (*m.*) seat
sieste (*f.*) siesta
sifflet (*m.*) whistle
sillonner to cross
simplement simply
siroter to sip
soigneusement carefully
socle (*m.*) pedestal
avoir sommeil to be sleepy
tomber de sommeil to be falling asleep
somnoler to doze
son his, her ; (*m.*) sound
sort (*m.*) fate
sortir to go out
soudain suddenly
souffrir to suffer
souhaiter to wish
source (*f.*) spring
sourd deaf
sourire (*m.*) smile
se souvenir (de) to remember
strié(e) striped
sud-est southeast
suivant(e) next
super great
supplier to beseech
surplomber to overhang

en sursaut with a start
surveiller to watch over
sympa (*colloq.*) / **sympathique** likable

tache (*f.*) spot
tant mieux so much the better
tante (*f.*) aunt
tard late
tellement so (much)
témoin (*m.*) witness
temps (*m.*) time ; weather
tenture (*f.*) drape
terminer to end
terrasse (*f.*) terrace
terrain (*m.*) ground
par terre on the ground
toilettes (*f.*) restroom
tomber to fall ; **tomber bien** to happen
  just in time
tôt soon
toujours always
tournage (*m.*) turning
tout(e) all
tout à fait quite
tout au bout at the very end
de toute façon in any case
tracteur (*m.*) tractor
train (*m.*) train
travail/travaux (*m.*) work
travailler to work
trembler to shake
tremper to soak
très very
triage (*m.*) selection
troisième third
trottoir (*m.*) sidewalk
(se) tutoyer to use *tu*

un(e) a ; one

vacances (*f.*) vacation
valable valuable
valeur (*f.*) value
valise (*f.*) suitcase
vendeur (-euse) salesperson
venger to avenge
venir (de) to come from
vers towards
vide empty
vie (*f.*) life
vieux/vieille old

vigne *(f.)* vineyard
vinaigrette *(f.)* oil and vinegar sauce
visiter to visit
vison *(m.)* mink
vite fast
voie *(f.)* lane ; way
voile *(f.)* sail
voir to see
voisin(e) neighbor
voiture *(f.)* car
en voiture ! all aboard !
voler to steal ; to fly

voleur (-euse) robber
vomir to vomit
vouloir (*past part.* **voulu**) to want
vouvoyer to use *vous*
voyage *(m.)* trip
voyager to travel
voyons ! come now !
vrai(e) true
vue (*f.*) view

wagon-restaurant *(m.)* dining car

yeux *(m.)* eyes (*sing.* **œil**)

ACT®
Prep
2021

Lead Editor

Kathryn Sollenberger, M.Ed.

Contributing Editors

Dr. Brandon Deason, M.D.; M. Dominic Eggert; Alexandra Strelka, MA; Glen Stohr

Special thanks to our writers and reviewers:

Laura Aitcheson, Michael Collins, Michael Cook, Sterling Davenport, Boris Dvorkin, Emily Graves, Jonathan Habermacher, Laurel Haines, Jack Hayes, Peter Haynicz-Smith, Stephanie Jolly, Samee Kirk, Jo L'Abbate, Gail Rivers, Anne Marie Salloum, Caroline Sykes, Heather Waite, Bonnie Wang, and Ethan Weber

Additional special thanks to

Matthew Callan, Brian Carlidge, Tim Eich, Elizabeth Flagge, Joanna Graham, Adam Grey, Rebecca Knauer, Jaimie Lazare, Mandy Luk, Jennifer Moore, Kristin Murner, Monica Ostolaza, Rebecca Truong, Oscar Velazquez, Bob Verini, Michael Wolff, Amy Zarkos, and the countless others who made this project possible.

ACT® is a registered trademark of ACT, Inc., which was not involved in the production of, and does not endorse, this product.

Published by Kaplan Publishing, a division of Kaplan, Inc.
750 Third Avenue
New York, NY 10017

ISBN: 978-1-5062-6247-5
10 9 8 7 6 5 4 3 2 1

Kaplan Publishing print books are available at special quantity discounts to use for sales promotions, employee premiums, or educational purposes. For more information or to purchase books, please call the Simon & Schuster special sales department at 866-506-1949.